HENRI PARIS

LES
CONDITIONS
DE
LA PAIX
OU
LA LORRAINE & L'ALSACE

« Je déteste la guerre, que je regarde comme un fléau abominable,
un danger pour la liberté, une honte pour la civilisation. Je la comprends
et faite alors par tous, en défendant ses foyers, jamais en attaquant ceux
des autres. »
(Circulaire électorale de 1869.

(SECONDE ÉDITION)

REIMS

IMPRIMERIE P. DUBOIS ET Cie, RUE PLUCHE, 24
(V. GEOFFROY, GÉRANT)

1871

LES

CONDITIONS DE LA PAIX

ou

LA LORRAINE & L'ALSACE

HENRI PARIS

LES
CONDITIONS
DE
LA PAIX
OU
LA LORRAINE & L'ALSACE

> « Je déteste la guerre, que je re-
> garde comme un fléau abominable,
> un danger pour la liberté, une honte
> pour la civilisation. Je la comprends
> et faite alors par tous, en défendant
> ses foyers, jamais en attaquant ceux
> des autres. »
> *(Circulaire électorale de 1869.)*

(SECONDE ÉDITION)

REIMS

IMPRIMERIE P. DUBOIS ET Cie, RUE PLUCHE, 24

(V. GEOFFROY, GÉRANT)

—

1871

AVIS AU LECTEUR

—

Le désir de faire paraître cet opuscule au début de l'armistice n'a pas donné le temps de revoir les épreuves de la 1re édition avec le soin que demande tout travail offert au public. De plus, cette édition, déjà défectueuse par l'absence de corrections, est devenue incomplète par la suppression du premier chapitre.

L'auteur a pu s'entendre avec l'autorité prussienne pour restituer la plus grande partie du chapitre supprimé. Il a revu avec attention les autres ; il a corrigé les nombreuses fautes d'impression ; il a rectifié quelques erreurs, rétabli quelques passages incorrects ; et il offre au public cette seconde édition avec la pensée qu'elle est moins indigne que la première de son indulgence.

H. P.

Reims, 22 Février 1871.

I

LES CONDITIONS

DE

LA PAIX

A l'arrivée du roi Guillaume sous les murs de Paris, M. Jules Favre, au nom du gouvernement de la défense nationale, n'hésita pas aller demander la paix. Il désavouait la politique du gouvernement déchu, et offrait loyalement la main de la France éprouvée par ses désastres au vainqueur qui se disait l'envoyé de Dieu.

Plus tard, lorsque les puissances étrangères qui, peut-être, ne contemplaient pas nos revers sans un secret contentement, furent réveillées de leur indifférence par les démarches patriotiques de M. Thiers, elles consentirent à se faire les timides promoteurs d'un armistice.

Enfin de toutes parts, à la vue de ces ruines amoncelées, de ces flots de sang versés et creusant entre les deux peuples un abîme de haine et de vengeance, des deux camps à la fois s'élèvent des vœux et des prières invoquant et implorant la paix.

Pourquoi ces avances ont-elles été repoussées et ces vœux sont-ils restés stériles?

On a parlé de l'irritation causée en Allemagne par les fanfaronnades et les impertinences de la presse française, des inquiétudes jetées dans les esprits par notre politique remuante et aventureuse.

On a parlé aussi des représailles légitimes d'Iéna, d'Averstadt et de Magdebourg, comme si Iéna n'avait pas vengé Rosback, et les invasions de 1813 et 1814 n'avaient pas suivi de près 1808.

Enfin il a été dit qu'il n'y avait aucun gouvernement régulier en France avec lequel la Prusse pût traiter, comme s'il n'eût pas été vite accrédité auprès du vainqueur, celui qui eût consenti à apposer son signe au bas de ses protocoles préparés.

Ces raisons ne sont que fort secondaires, et l'esprit politique de l'éminent chancelier de l'Allemagne du Nord embrasse de plus larges horizons.

Du jour où la France, effrayée par le spectre de la

Révolution, s'est réfugiée dans les bras de l'héritier de l'empereur Napoléon, la Prusse, toujours prête depuis 1812, s'est attendue à la guerre.

Les gouvernements, comme les dynasties, ne se fondent solidement que par le salut du pays, lorsqu'ils ne s'imposent pas par la conquête ou par la gloire. La famille Bonaparte n'avait pas conquis la France. La gloire du premier empereur avait été éclipsée par les désastres que nous avait attirés sa coupable ambition, et ce n'était pas sérieusement que le fils de la reine Hortense pût prétendre nous avoir sauvés. Son gouvernement était donc fatalement amené par les intérêts dynastiques à vouloir laver l'affront de 1814 et de 1815 et à tirer vengeance de Waterloo. Le prince Louis Napoléon le comprenait si bien que son premier mot pour rassurer les esprits fut : « L'Empire, c'est la paix. »

La logique conduit les événements plus qu'on ne le suppose généralement. Pour gouverner il faut savoir prévoir, et prévoir demande souvent moins de génie que de jugement.

La Russie en Crimée, l'Autriche en Italie, avaient déjà éprouvé cette loi inflexible qui enchaîne les effets aux causes, et la Prusse, qui avait profité de nos fautes en Italie pour hâter l'éclosion de ses projets plus que séculaires, attendait avec confiance son tour. Je ne soutiendrai pas que M. le chancelier de l'Allemagne du Nord n'appelât pas de ses vœux secrets la téméraire agression qu'il prévoyait. Tout était en effet préparé. Ce n'est pas sans y avoir longuement réfléchi et en avoir mûri les plans à l'avance, qu'on peut exécuter une campagne comme celle qui illustre en ce moment les noms du général de Moltke et de M. de Roon.

L'art de la guerre se révèle sans doute de loin en loin chez certains hommes comme un instinct naturel. Ainsi le génie a pu se passer d'expérience chez Tortenson, simple page de Gustave-Adolphe en Livonie, chez Condé, à vingt ans, à Rocroi, ou chez le général Bonaparte à Arcole ou à Rivoli. Mais faire mouvoir avec une précision mathématique cette véritable machine formée de près d'un million d'hommes, la faire manœuvrer sur un terrain étranger sans rencontrer un obstacle imprévu, sans se heurter pendant quatre mois à un seul échec, voilà ce qui n'a pu être que le fruit de longues méditations et de laborieuses veilles. Que d'années n'a-t-il pas fallu pour dresser de tels plans et fourbir de pareilles armes! Ce sera tant que le monde existera l'étonnement des générations futures, à la fois pour la froide et patiente opiniâtreté des hommes d'état de la Prusse qui ont pu combiner, mettre en en place et faire marcher un tel mécanisme, et pour l'imprévoyance de ceux qui ont abusé de l'aveugle confiance de la France, au point de la livrer de gaieté de cœur et tête baissée dans une aussi périlleuse aventure.

Aussi dès la première heure, dès les premiers succès

sur lesquels cependant on ne comptait pas aussi vite, la guerre, de défensive qu'elle était devint agressive. Elle devait à son premier caractère l'enthousiasme qui avait mis en marche l'Allemagne tout entière. Elle conserva, en changeant de rôle, la même excitation sur les esprits exaltés par la victoire. M. le Chancelier est trop habile pour n'en pas profiter, afin de mettre le sceau à sa politique fortunée.

En nous arrachant deux provinces, il croit cimenter à jamais avec le sang français l'unité de l'Allemagne tout entière sous le sceptre des Hohenzollern.

Faire reconnaître son maître empereur d'Allemagne à Versailles même, dans le palais de celui qui consentit il n'y a guère plus d'un siècle à traiter pour la première fois de *Majesté* l'électeur de Brandebourg, quel rêve! et demain peut-être ce sera le destin !

Ah ! si telles doivent être les destinées promises à l'héritier de Frédéric Ier, si la France doit expier jusque-là ses divisions intestines et la désertion de sa mission dans le monde, que du moins de misérables subterfuges ne servent pas à justifier de telles élévations et à expliquer de telles catastrophes ! Arrière ces fausses doctrines de communautés d'origine, de conquêtes reprises, de nationalités restaurées. Laissez à la conquête le caractère de violence qu'elle a eu dans tous les temps et chez tous les peuples. Les peuples ! Mais n'est-ce pas là ce qui les séduit et les enchaîne ! Quand les cris des patients se sont tus et que se sont éteintes les imprécations des victimes, on en revient toujours à exalter les conquérants. Celui qui s'est dit l'héritier du premier Napoléon nous eut-il jamais conduits à notre ruine si son oncle n'eut gravé son nom dans l'imagination des peuples avec le sang humain ! Il sied bien en ce moment, où deux nations s'entretuent, de parler de fraternité, de consanguinité et de langue commune. Eh quoi ! parce que *la partie des Gaules qui confine au Rhin* (1) parlerait un mauvais patois qui rappelle sa langue, l'Allemagne pourrait la revendiquer comme sienne. A ce compte, de quels nouveaux prétextes ne pourrait pas se couvrir l'ambition des conquérants futurs !

Si la paix est enchaînée à la cession de la Lorraine et de l'Alsace, quand et comment pouvons-nous espérer l'obtenir !

Mais enfin, si un tel sacrifice nous était imposé, que du moins il soit bien avéré qu'il ne s'agit que du droit de conquête. Ne contestez plus à la Lorraine et à l'Alsace leur commune origine et leur véritable nationalité. Toutes deux sont françaises par le sol, par le sang, par les sentiments, par les mœurs, françaises autant et aussi bien que la Bourgogne, que

(1) Pars Galliarum quœ Rhenum accolit. Tacite, hist. lib. 1., c. 41.

la Franche-Comté, que l'Artois, que la Navarre. Toutes deux ont arrosé de leur généreux sang les champs de bataille où combattait la France, et lui ont fourni leur part de héros et de martyrs.

25 Décembre 1870.

II

LA LORRAINE

César commence ses commentaires par la topographie
des Gaules. La Gaule est divisée, dit-il, en trois parties :
l'une habitée par les Belges, l'autre par les Aquitains, la troisième par ceux qui, dans leur langue,
s'appellent Celtes et dans la nôtre Gaulois. Les Gaulois sont séparés des Aquitains par la Garonne, des
Belges par la Marne et la Seine. Les Belges sont
les plus vaillants, parce qu'ils sont les plus éloignés
du luxe et de la mollesse qui règnent dans la province
romaine, et que les marchands étrangers, n'allant pas
souvent chez eux, ne leur portent pas ce qui contribue à
amollir le courage. D'ailleurs, voisins des Allemands
qui habitent au-delà du Rhin, « *qui trans Rhenum
incolunt* », ils sont continuellement en guerre avec
eux... La partie des Gaules habitée par les Gaulois com-

mence au Rhône, elle est bornée par la Garonne,
l'Océan et la frontière des Belges ; du côté des Se-
quanais et des Suisses elle va jusqu'au Rhin, « *attingit
etiam a Sequanis et Helvetiis flumen Rhenum* ».
Les Belges commencent aux frontières des Gaulois, ils
s'avancent jusqu'à l'embouchure du Rhin, «*Pertinent
ad inferiorum partem fluminis Rheni* ».

Prenez la première carte venue de la Gaule, et vous
verrez que le Rhin en forme la limite à l'Est et sépare
les Gaulois des Allemands.

Les frontières anciennes ne sont donc pas indécises :
L'Océan, *le Rhin*, les Alpes, la Méditerranée et les
Pyrénées, telles étaient les frontières de la Gaule et
ce qu'on a pu appeler avec raison les frontières naturelles de la France.

L'occupation romaine n'y a rien changé. Sous elle,
le Rhin avec Strasbourg (1), faisant partie des Gaules,
avec Mayence (2), Coblentz (3) et Cologne (4), faisant
partie de la Germanie, divisait les deux pays et sépa-
rait les Gaulois des Allemands.

Chaque peuplade des Gaules portait un nom distinct.
Celles qui habitaient les pays occupés aujourd'hui par

(1) Argentoratum.
(2) Mogontiacum.
(3) Confluens castrum.
(4) Agrippinensis colonia.

la Lorraine s'appelaient *Mediomatrices, Leuci, Verodunenses,* d'où sont venus les diocèses de Metz, Toul et Verdun.

Lors de l'invasion des barbares, les Huns couvrirent la Lorraine de ruines. Après avoir aidé Aétius à vaincre Attila dans les plaines de Châlons-sur-Marne ou de Méry-sur-Seine, les Francs s'en emparèrent.

Les Francs appartenaient à la grande famille barbare que l'histoire a nommé *Germanique* et à laquelle elle assigne trois époques distinctes : celle des Teutons et des Cimbres, que repoussa Marius ; celle des Suèves, que décrit Tacite ; et celle des descendants d'Odin, *le dieu incendiaire, le père du carnage.*

Les descendants d'Odin n'étaient pas tous *furieux de pillage et de guerre, avides de blessures et de mort* (1).

Les premiers qui inondèrent les Gaules n'étaient poussés, il est vrai, que par le génie de la dévastation. Ils ne firent que passer. Mais les seconds demeurèrent et parurent envoyés moins pour châtier que pour relever, par leurs vertus primitives, les peuples descendus dans la servitude. De ce nombre furent les Visigoths, les Burgondes et les Francs.

(1) Michelet. — *Introduction de l'Histoire universelle.*

Les tribus *Franques* s'étaient établies dès le IIIe siècle entre le Weser et le Rhin depuis *Mogontiacum* (Mayence) jusqu'à l'Océan, tandis que les *Allemands*, formés aussi des tribus teutoniques, se réunissaient en confédération entre le Rhin, le Mein et le lac de Constance. Vers l'an 240, on voit pour la première fois les Francs faire des incursions dans la Gaule-Belgique. Probus, Constance Chlore et Constantin remportent sur eux de sanglantes victoires. Julien, en 358, leur permet de se fixer dans la *Toxandrie*, entre l'Escaut et la Meuse où ils devinrent les gardiens du Rhin et les défenseurs suspects des Gaules. C'est là que la légende plutôt que l'histoire place leurs chefs élevés sur le pavois; c'est de là que vint Clovis.

Quatre dominations se partageaient alors les Gaules. Les Romains avaient conservé de leurs conquêtes les pays situés entre la Somme et la Loire. Les Armoricains' ou Gaulois maritimes avaient gardé leur indépendance sur toute la côte occidentale. Les Burgondes et les Visigoths, échappés les premiers des tribus Germaniques, occupaient les uns le pays qui s'étendait du haut Rhin à la Méditerrannée, de la haute Loire aux Alpes, et les autres la première Narbonnaise, les trois Aquitaines, puis, au-delà des Pyrénées, la plus grande partie de l'Espagne.

C'est alors que Clovis descendit des Ardennes à la tête de cinq à six mille guerriers. Son premier choc heurta les Romains. La bataille de Soissons contre Siagrius, lui livra cette ville comme capitale d'un royaume qui s'étendait du Rhin à la Somme et de l'Aisne à la Seine. Il s'allie aux Burgondes et épouse Clotilde, la fille de leur roi, il repousse à Tolbiac les Allemands qui avaient suivi ses traces et accouraient pour partager ses conquêtes, incline devant Dieu sa tête purifiée par les eaux du baptême, court venger le meurtre de son beau-père en battant les Burgondes à Dijon, soumet la Bretagne, repousse au-delà des Pyrénées les Visigoths vaincus à Vouillé, et après avoir reçu de l'empereur Anastase les insignes du Consulat, vient fixer à Paris sa capitale. Il promulgue la loi salique et meurt après un règne de trente années, âgé de quarante-cinq ans seulement (511).

Dieu venait de fonder par lui dans l'ancienne Gaule le royaume des Francs.

« Dieu tout-puissant, dit Grégoire de Tours, terrassait journellement ses ennemis sous sa main, et amplifiait son royaume pour ce qu'il cheminait d'un cœur droit devant lui, et faisait ce qui lui était agréable. »

Les enfants de Clovis se partagèrent ses états. L'un est roi d'Orléans ; l'autre de Soissons ; un troisième de Paris ; l'aîné, Thierry Ier, règne sur la Gaule orientale, l'*Osterreich*, l'*Austrasic*. *Metz* en est la capitale.

Metz, comme Soissons, comme Paris, comme Orléans, devient le berceau de la monarchie Française.

C'est encore à Metz que prit naissance, à deux siècles de là, la seconde race de nos rois. L'Austrasie ne voulut plus, à la mort de Dagobert II, reconnaître d'autre autorité que celle de Pépin-d'Héristal, arrière-petit-fils de Pépin-le-Vieux, maire du palais sous Dagobert Ier et petit-fils de Saint Arnould, évêque de Metz. De Pépin-d'Héristal est sorti Charles-Martel, de Charles-Martel Pépin-le-Bref, de Pépin-le-Bref Charlemagne.

En relevant au profit des fils des Germains l'empire d'Occident, et en réunissant, pour les contenir sous la main puissante de Pépin-le-Bref et de Charlemagne, les éléments Gaulois, Romains et Germains, l'Eglise put espérer un instant les avoir réconciliés ; mais la lutte ne recommença qu'avec plus d'ardeur après eux. Loin de la prévenir, Louis-le-Débonnaire ne fit que l'exciter par le partage de ses états, et ses enfants n'attendirent pas sa mort pour s'en disputer les provinces.

Le partage définitif eut lieu à Thionville, le 16 du mois de Mars 843. Il sépara définitivement l'Allemagne et l'Italie des Gaules. (Traité de Verdun.)

« A Charles, échut le royaume d'Occident ou France
» occidentale de la mer Britannique à la Meuse ; à
» Louis, la Germanie jusqu'au Rhin, avec quelques
» villages en deçà qu'il voulut avoir, parce qu'il y
» avait des vignes. Et Lothaire eut avec le titre d'em-
» pereur le royaume d'Italie, la Provence et tout ce
» qui était entre les royaumes de ses deux frères, sça-
» voir : les terres d'entre l'Escaut, le Rhin, la Meuse

» et la Saône. On appela cela en langue tudesque *Lo-*
» *terreich,* en langue romaine, *Lohierregne* et par
» abrégé *Lorraine,* c'est-à-dire le royaume de Lo-
» thaire. Le pays qui porte ce nom aujourd'hui n'en
» est plus qu'une petite partie (1). »

Lothaire Ier transmit la Lorraine à son fils Lo-
taire II. Après celui-ci, elle fit retour à Charles-le-
Chauve (869) et à son fils Louis-le-Bègue (877). De
Louis III et Carloman, fils de ce dernier, elle passa
au détriment de Charles-le-Simple, autre fils posthume
de Louis-le-Bègue, à Charles-le-Gros, fils de Louis-le-
Germanique ; après Charles-le-Gros à l'empereur Arnoul, bâtard d'un des fils du même Louis-le-Germa-
nique, puis en dernier lieu à Louis IV, fils d'Arnoul,
qui la conserva avec l'empire jusqu'en 912.

C'est à cette époque que, par la faiblesse de Charles-
le-Simple, petit-fils de Charles-le-Chauve et seul rejeton
de Charlemagne, l'Empire sortit de la maison de France
pour devenir électif (2). Cependant, la Lorraine, rete-

---

(1) Mezeray. — *Hist. de France.*

(2) A la mort de Louis IV, dernier empereur de la race de Charlemagne, *Othon,* duc de Saxe et le plus puissant des princes d'Allemagne, refusa de reconnaître Charles-le-Simple. Ne voulant pas
prendre lui-même la couronne à cause de son grand âge, il fit
élire *Conrad,* duc de Franconie. A la mort de celui-ci, en 919,
Henri l'Oiseleur ou le Fauconnier, fils d'Othon, lui succéda et devint la tige de la maison Impériale de Saxe. Son autorité, pas plus
que celle de Conrad de Franconie, ne fut reconnue en Italie.
C'est son fils, *Othon-le-Grand,* qui parvint le premier à se faire cou-

nue un instant par Zventibold, bâtard de l'empereur Arnoul, revenait aux mains du roi de France, Louis dit d'Outremer et servait d'apanage au second de ses fils, Charles de Lorraine.

Ce prince, infidèle à son origine, cherchant un appui contre le pouvoir grandissant des fils de Robert-le-

ronner à Rome, en 962, ainsi que l'avait fait Charlemagne. Un roi de Germanie n'était réellement empereur que quand il avait été prendre à Rome la couronne Impériale des mains du Pape.

La maison de Saxe fut remplacée en 1024 par celle de *Franconie*, et celle-ci le fut à son tour en 1338 par la maison de *Souabe*. En 1273 parut pour la première fois la maison de *Habsbourg*. Interrompue à la mort de *Rodolphe*, en 1291, par *Adolphe de Nassau*, elle reprit la couronne avec *Albert Ier*, en 1298. Elle la céda ensuite aux maisons de *Luxembourg* et de *Bavière* de 1308 à 1437, et ne la quitta plus de cette dernière époque jusqu'à la mort de *Charles VI*, décédé sans enfants mâles en 1740. L'électeur de Bavière, sous le nom de *Charles VII* fut alors élu; mais son règne fut de courte durée. En 1745, *Marie-Thérèse d'Autriche*, fille et héritière de Charles VI, fit reconnaître comme empereur son mari, *François de Lorraine*, qui avait cédé ses états héréditaires à la France par le traité de Vienne. A François Ier, succéda, en 1765, son fils aîné, *Joseph II;* à Joseph II, son frère *Léopold II*, en 1790; à celui-ci, son fils *François II.* En 1792, François II se fit déclarer empereur d'Autriche sous le nom de François Ier, le 11 Août 1804, et après la célèbre diète de Ratisbonne, dans laquelle quatorze princes allemands déclarèrent leur séparation absolue et perpétuelle du corps germanique et leur réunion en *Confédération du Rhin*, sous le protectorat de Napoléon, François II se démit de sa dignité d'Empereur d'Allemagne, le 6 Août 1806. C'est cette dignité que veut restaurer en sa personne le roi de Prusse actuel.

Les électeurs de Brandebourg s'étaient séparés du reste de l'Allemagne depuis 1700. A cette époque, *Frédéric Ier*, fils et successeur de l'électeur *Frédéric-Guillaume*, dit le Grand-Electeur, et le vérita-

Fort, rendit hommage à l'empereur Othon-le-Grand, et, acceptant la vassalité Saxonne, abdiqua ses droits à la succession de Charlemagne. C'est alors qu'Othon partagea la Lorraine en deux gouvernements ou duchés, la basse Lorraine ou Lorraine Allemande et la haute Lorraine dite *Mosellane*.

Les peuples de la basse Lorraine s'appelaient les *ripuarii* et habitaient entre le Rhin, la Roer et la Meuse, aux environs de Nuys, de Cologne, de Zulpich, de Duren, de Juliers et d'Andernach. Quelques-uns y ajoutent encore les villes d'Aix-la-Chapelle, de Gemblours, d'Anvers, de Nimègue, de Bruxelles et plusieurs autres (1).

Ces pays, après avoir été donnés à Henri II, comte

---

ble fondateur de la puissance du Brandebourg, obtint de l'empereur Léopold, en échange de secours promis contre la France, l'érection du duché de Prusse en royaume. Il prit le titre de roi le 18 Janvier 1701. Louis XIV ne le lui reconnut qu'à la paix d'Utrecht, en 1713. Par ce traité, le roi, en vertu du pouvoir reçu du roi d'Espagne, cédait au roi de Prusse la ville de Gueldres, le reconnaissait pour souverain de Neufchâtel et de Valengin, et promettait, tant en son nom qu'en celui du roi d'Espagne, de lui donner à l'avenir le titre de *Majesté*. De son côté, le roi de Prusse renonçait à tous droits sur la principauté d'Orange, et remettait à l'électeur de Cologne la ville de Rhimberg.

Frédéric Ier fut le père de *Frédéric-Guillaume Ier* et l'aïeul de *Charles-Frédéric*, surnommé le grand Frédéric. Celui-ci est l'arrière-grand-oncle du roi actuel.

(1) *Dict. géogr., hist. et politique des Gaules et de la France*, par l'abbé Expilly. Amsterdam, 1766. Verbo Lorraine.

de Luxembourg, reconnurent pour duc Godefroi, premier comte de Louvain. Ses descendants les conservèrent jusque dans le dernier siècle. Ils prenaient à la fois le titre de comte de Louvain, duc de Lorraine et de Brabant.

La Lorraine dite *Mosellane* eut aussi au début des ducs bénéficiaires, mais elle ne tarda pas à subir de notables divisions. D'une part, les évêques de Toul, Metz, Verdun et Trèves se rendirent indépendants, de l'autre, les comtes de Bar et les ducs de Champagne s'emparèrent des pays les plus rapprochées de leurs frontières. Le surplus fut concédé par l'empereur Henri III le Noir à Gérard d'Alsace, qui descendait de Leutheric, maire du palais sous le roi Thierry III. Cette partie de la Lorraine resta dans la famille des comtes d'Alsace jusqu'au duc Charles II, dont la fille épousa René d'Anjou, roi de Sicile. René, déjà héritier du duché de Bar, put ajouter par son mariage la Lorraine à ses nombreux états en 1431. Yolande d'Anjou, sa fille, les transmit à son tour à son mari, René II, fils du comte de Vaudemont. De René II ils passèrent à son fils, le bon duc *Antoine,* que Brantôme appelle un très-homme de bien, prince d'honneur et de conscience et dont le frère, Claude de Lorraine, fait duc de Guise par François Ier, épousa Antoinette de Bourbon, et eut d'elle cette nombreuse lignée qui joua un rôle si considérable par ses talents et son ambition sous les derniers Valois. Quant à la descendance du duc Antoine, elle fournit à la Lorraine une succession de princes qui ont laissé des souvenirs divers, mais encore vivaces de leur passage dans cette riche province. Le dernier fut *François-Etienne*, grand-duc de Toscane et empereur d'Allemagne.

François-Etienne ne fit que prendre possession de la Lorraine en 1724. Il laissa la régence à la duchesse-douairière, Elisabeth-Charlotte d'Orléans. C'est des mains de celle-ci que les reçut le 3 Avril 1737 le roi de Pologne, *Stanislas*, en exécution des préliminaires de paix arrêtés entre Louis XV et l'empereur Charles VI le 3 Octobre 1735, et qui prirent le nom de traité de Vienne en 1738.

La guerre s'était rallumée entre la France et l'Empire au commencement de 1733, à l'occasion de l'élection du roi de Pologne. Auguste II venait de mourir. Louis XV soutenait les prétentions de son beau-père, Stanislas Leckzinsky, qui voulait rentrer en possession de la couronne que lui avait enlevé en 1709 l'électeur de Saxe. L'impératrice de Russie, Anne Ivanowna, avait pris parti contre le roi Stanislas ; la Sardaigne et l'Espagne, s'étaient rangées du côté de la France. Le maréchal de Berwick opérait sur le Rhin, tandis que le maréchal de Saxe, à la tête des armées réunies de France, d'Espagne et de Piémont, envahissait le Milanais. D'un autre côté, l'infant don Carlos s'emparait du royaume de Naples. L'Autriche était atta-

quée sur trois côtés à la fois. L'Angleterre, jalouse
du succès de nos armes, s'était entremise avec la Hollande pour amener la paix ; mais Louis XV avait rejeté
des propositions qui ne contenaient aucune indemnité
pour son beau-père. Il préféra s'entendre directement
avec l'Empereur, et ces deux princes arrêtèrent ensemble
les bases d'un traité qui restituait définitivement la Lorraine à la France. Il était convenu que Stanislas serait
reconnu roi de Pologne, qu'il en conserverait le titre
avec les prérogatives honorifiques, mais qu'il abdique-
rait aussitôt pour recevoir en compensation les duchés
de Lorraine et de Bar, lesquels à sa mort seraient re-
versibles à la couronne de France, et incorporés pour
toujours à la monarchie. Le duc de Lorraine devait recevoir en échange de ses états héréditaires, le grand-
duché de Toscane, qui avait été promis aux enfants de
Philippe V d'Espagne, l'électeur de Saxe rester en possession incontestée du trône de Pologne , don Carlos
devenir roi de Naples et de Sicile, le roi de Sardaigne
recevoir le Milanais, la France remettre à l'Autriche
toutes les conquêtes faites pendant la guerre , céder
divers autres domaines en toute propriété et garantir
l'exécution de l'édit par lequel l'empereur Charles VI
avait réglé sa succession.

Le 28 Janvier de l'année suivante (1736), le roi des
Deux-Siciles, le roi de Sardaigne, le roi d'Espagne, les
cours de Dresde et de Saint-Pétersbourg adhérèrent
aux clauses de ce traité. Le roi Stanislas abdiqua la
couronne de Pologne, dont l'électeur de Saxe devint

le légitime propriétaire, et la diète de Ratisbonne, au nom de toute l'Allemagne, vota des remercîments au duc François de Lorraine, qui avait sacrifié ses états à l'établissement de la paix. Ce sacrifice, payé par le grand-duché de Toscane, le plus beau pays du monde, ne valait pas seulement à ce prince les remercîments de la diète, mais aussi la main de l'archiduchesse Marie-Thérèse d'Autriche, fille aînée et héritière de Charles VI, et plus tard l'Empire (1745).

Le roi de Prusse était resté étranger au traité de Vienne, mais il ne tarda pas à profiter de la situation à son tour. Charles-Frédéric, nommé depuis le grand Frédéric, venait de succéder à son père Frédéric-Guillaume, le 31 Mai 1740, lorsque, la même année, mourut l'empereur Charles VI. Avec celui-ci s'éteignit la branche masculine de l'ancienne maison de Habsbourg. Sa succession était immense. Marie-Thérèse, fille aînée de Charles VI, fut d'abord proclamée reine de Hongrie et de Bohème et héritière des états héréditaires. Mais bientôt tous les princes de l'Europe, ceux-là même qui avaient approuvé le traité de Vienne et garanti l'exécution de la pragmatique-sanction qui réglait la succession de Charles VI, y prétendirent à divers titres. Louis XV seul, quoique le plus autorisé, puisqu'il descendait en ligne droite de la branche aînée masculine d'Autriche par la femme de Louis XIII et celle de Louis XIV, s'abstint de réclamer aucun droit personnel. Il préféra le rôle d'arbitre.

Le roi de Prusse fut le premier à se mettre en campagne. Il réclamait la Silésie en qualité d'électeur de Brandebourg. Il proposa à Marie-Thérèse de lui céder cette province, en lui offrant en échange son crédit et ses armes pour faire donner l'Empire à son mari, François de Lorraine. Cette princesse héroïque s'indigna à l'idée de trafiquer du patrimoine de ses pères et refusa les offres du roi de Prusse, qui entra de suite en Silésie avec une forte armée. Ce fut le signal de cette guerre dans laquelle Marie-Thérèse faillit perdre toutes ses provinces, et au milieu des désastres de laquelle elle écrivait à la duchesse de Lorraine, sa belle-mère : « J'ignore aujourd'hui s'il me restera une ville pour y faire mes couches. » Après des complications sans nombre et des retours de bonne et de mauvaise fortune, la victoire de Fontenoy, gagnée par le maréchal de Saxe et Louis XV en personne, celle de Friedberg, gagnée par le grand Frédéric, amenèrent la paix d'Aix-la-Chapelle du 18 Octobre 1748. Louis XV fit déclarer par le marquis de Saint-Severin, l'un des plénipotentiaires français, *qu'il voulait faire la paix non en marchand, mais en roi.* Il ne voulut rien pour lui, mais il stipula largement pour tous ses alliés. Le mieux traité de tous fut le roi de Prusse, qui garda la Silésie et le duché de Glatz.

Cependant, le roi Stanislas avait pris possession de la Lorraine dès l'année 1737. Il la gouverna pendant vingt-neuf ans avec autant de sagesse que de grandeur. On sait combien son souvenir est resté populaire dans cette province. A sa mort, en 1766, celle-ci fut réunie

à la couronne de France. Il y a quatre ans à peine que
l'on en célébrait le centenaire, sous le règne de celui
qui, par ses fautes politiques et sa criminelle imprévoyance, allait, l'eût-on jamais pensé, tout. remettre
en question.

De Gérard d'Alsace à François-Etienne, pendant les
vingt-trois générations de princes d'origine française, qui
l'ont souverainement gouvernée, la Lorraine, par sa
situation entre la France et l'Allemagne, fut condamnée
à servir de théâtre aux guerres qui ont divisé les deux
peuples. — Mais ces luttes n'ont point altéré la nationalité primitive.

Il importe peu aussi que le dernier prince de la grande
maison de Lorraine se soit assis sur le trône d'Allemagne.
— Quelle race a fourni plus de têtes couronnées que la maison de France. De ce que les fleurs de lys sont gravées
aux quatre coins du monde, et incrustées dans l'écusson
de toutes les maisons régnantes, s'en suivrait-il que la
France pût aller revendiquer des villes, ou faire tom-
ber des forteresses dans toutes les régions de la terre ?

Les duchés de Lorraine et de Bar, dont disposait le
traité de Vienne en 1738, avaient pour capitale Nancy,
et comprenaient trente-cinq bailliages. Celui de Lorraine en comptait vingt-cinq, non compris Mertzick
et Sargaw, qui étaient indivis pour la souveraineté
entre le roi de Pologne et l'électeur de Trèves. Ces

bailliages étaient ceux de Bitche, Blamont, Boulay, Bouzonville, Bruyères, Charmes, Chatté, Château-Salins, Commercy, Darney, Dieuze, Epinal, Fénétrange, Lixheim, Lunéville, Mirecourt, Nancy, Neufchâteau, Nomény, Remireront, Rozières, Sarguemines, Schambourg, Saint-Dié et Vezelize. Ils se composaient de 1,257 paroisses, relevant presque toutes des diocèses de Toul, Metz, Saint-Dié, Strasbourg, Besançon, Domevre, Etival, Moyenmoutier, quelques-unes de Trèves. Trois seulement, Oberkirch et Herichweiller, et Crugelborn ou Crigelborn, depuis longtemps rendues à l'Allemagne, relevaient de Mayence.

Les dix bailliages du duché de Bar étaient : Bar-le-Duc, Bourmont, Briey, Etain, Longuyon, La Marche, Pont-à-Mousson, Saint-Mihiel, Thiaucourt, Viller-la-Montagne, composés de 622 communautés ou paroisses, relevant des diocèses de Toul, Verdun, Metz, Châlôns, Langres, Besançon et Trèves.

Ces pays n'étaient pas les seuls qui constituassent la Lorraine, telle qu'elle nous appartenait en 1789, telle que nous l'ont laissée les traités de 1815, et dont ont été formés les départements de la Meuse, de la Meurthe, de la Moselle et des Vosges.

Il y en avait d'autres encore, ou qui n'avaient jamais été distraits de la France, ou qui lui avaient été restitués dans les siècles antérieurs. Tels étaient notamment le pays Messin, le Toulois, le Verdunois ou les trois Evêchés, Clermont, Stenay, Jametz, Sarrebourg, Phalsbourg, Thionville et Montmédy.

Metz, Toul et Verdun, dès le Xe siècle, s'étaient affranchis de l'Empire, sous l'autorité de leurs évêques. A Metz, les évêques partagèrent d'abord la souveraineté avec des comtes, que Charlemagne y avait établis comme gouverneurs, et qui se perpétuèrent en cette qualité héréditairement jusqu'en 1211. A cette époque, les échevin s'emparèrent de l'autorité du dernier comte décédé sans enfants, et bientôt après ils absorbèrent celle des évêques eux-mêmes. La ville de Metz se gouverna dès lors d'après ses propres lois, sous le nom de ville Impériale jusqu'en 1552. Ce nom ne servait qu'à couvrir son indépendance.

A Toul et à Verdun, la justice et l'autorité restèrent plus longtemps aux mains des évêques. Ce n'est pas que la juridiction civile n'eût tenté de s'en emparer, mais elle ne parvint jamais qu'à un partage contesté, source de dissensions et de luttes.

« A cette date de 1552, il y avait près d'un siècle que les princes de la maison de Lorraine en étaient évêques, et le cardinal de Lorraine, qui avait reçu ce bénéfice de son oncle, dans une paisible jouissance de toute sorte de juridictions, prétendait la laisser à son neveu avec la même autorité. Il avait plusieurs fois averti les magistrats de modérer leur avidité sur la juridiction ecclésiastique, et ses prières, au lieu d'être considérées, n'avaient abouti qu'à l'offre d'un réglement semblable à ceux que les villes de Basles et de Cologne avaient obtenus de leurs évêques, pour le partage de la juridiction entre le sénat et l'église (1). »

Ces villes avaient conservé, comme Metz, le titre de villes Impériales pour s'affranchir des ducs de Lorraine, mais en réalité elles se gouvernaient elles-mêmes, sans aucune dépendance ni des ducs, ni de l'empereur, ni du roi de France, tantôt sous l'autorité épiscopale, tantôt sous celle de l'échevinage, tantôt sous les deux à la fois, et cela depuis près de 800 ans.

Charles-Quint était alors dans toute sa puissance. Que ceux qui rêvent de reconstituer un pareil édifice veuillent méditer les leçons de l'histoire ! Ce n'est pas la France seule qui s'charnait à combattre une domination menaçante pour l'Europe entière. Dans l'Empire même, au sein de l'Allemagne, l'Empereur rencontrait ses plus ardents adversaires.

En 1551, le roi Maurice, électeur de Saxe, et l'un des auteurs des futurs rois de Prusse, le marquis Albert, électeur de Brandebourg, s'étaient ligués ensemble pour la défense de la liberté germanique. Le roi de France, Henri II, déjà en guerre avec l'empereur au sujet des duchés de Parme et de Plaisance, se mit en route pour se joindre aux princes d'Alle-

(1) Varillas.—*Histoire de Henry II*, livre III, p. 423. Paris, 1692.

magne (1). Sur son passage il trouva ouvertes les portes de Toul, de Verdun et de Metz, où le connétable Anne de Montmorency, d'accord avec le cardinal de Lorraine, et escorté de deux compagnies d'enseignes et de gens de pied, l'avait précédé pour préparer ses logements. Henri II reçut le serment des habitants et se fit déclarer leur protecteur. Dès ce jour, les trois Evêchés restèrent à la France.

La même année, Charles-Quint, échappé d'Inspruck où il avait failli être pris par l'électeur de Saxe, et songeant déjà à terminer sa carrière politique par une action d'éclat, essaya de reprendre Metz, Toul et Verdun. Il se hâta, par la pacification de Passau, de se débarrasser de la ligue des princes d'Allemagne, à l'exception toutefois du marquis de Brandebourg, qui marchandait encore sa soumission, et il vint en personne attaquer Metz. Il tenta tout d'abord de s'en rendre maître par la ruse, et sans la clairvoyance du duc de Guise, (on avait alors de véritables hommes de guerre), la ville eut subi le sort qui lui était réservé de nos jours. Dans la prévision des desseins de l'Empe-

---

(1) Par le traité du 5 Octobre 1551, fait avec Maurice, électeur de Saxe, et les princes protestants confédérés, ratifié par Henri II au château de Chambord, celui-ci promit de les assister puissamment d'honneur et d'argent, pour maintenir la liberté et les droits des princes de l'Empire, et de leur côté, ceux-ci consentirent à ce qu'il s'emparât des villes appartenant à l'Empire, et qui n'étaient pas de la langue germanique, savoir : de Cambrai, de Metz, Toul et Verdun, et autres semblables.

reur, Henri II avait eu l'heureuse idée d'envoyer s'enfermer dans Metz, avec une partie de la noblesse française, le duc de Guise qui, à ses grandes qualités militaires, joignait celle d'être un prince lorrain. L'électeur de Brandebourg, resté en apparence fidèle au roi, demandait à camper sous le canon de la place avec les 20,000 hommes qu'il commandait. Le duc de Guise, fort empêché d'un voisinage qui menaçait d'absorber une grande partie des provisions qu'il avait fait rentrer dans Metz pour mettre les habitants et sa troupe à l'abri de la famine, n'osant cependant rompre avec un allié de son maître, dépêcha à celui-ci le maréchal Strozzi, pour lui témoigner son embarras, et attendre les ordres du roi.

« Le roy répondit qu'encore que ce marquis fust à ses gages, il n'avoit que trop de sujets de s'en deffier; et qu'il falloit par conséquent le tenir le plus que l'on pourroit éloigné de Metz, sous prétexte de l'occuper à faire le dégast sur les lieux où l'armée impériale devoit passer : mais en réalité pour empêcher qu'il ne diminuast les provisions que l'on amassoit avec tant de peine.

« Cette deffiance n'estoit pas vaine : car encore que l'Empereur, pour marque de ressentiment eust proscrit ce marquis, et qu'il eust animé toute l'Allemagne contre luy par de sanglants édits, affichez dans tous les Cercles de l'empire, il ne laissoit pas de temps en temps de luy envoyer des émissaires secrets, qui l'avoient enfin disposé non-seulement à rentrer dans le parti de la maison d'Autriche, mais encore à promettre de trahir la France, en faisant accroire qu'il la servait encore ; et en s'approchant de Metz, afin de surprendre cette ville à la première occasion que son adresse ou la négligence prétendue des François lui en feroient naistre , ou du moins l'épuiser de sorte par les vivres qu'il en demanderoit au duc de Guise pour la subsistance de ses vingt mille hommes, qu'il ne luy en restast plus lorsque l'empereur se seroit approché pour en former le siége (1). »

La ruse de l'électeur de Brandebourg échoua devant la prudence et la perspicacité du duc de Guise. L'empereur dut recourir à la force. Il s'avança avec une nombreuse armée que commandait le duc d'Albe, mais cinq mois plus tard, le 15 Janvier 1553, il lui fallut lever le siége, l'un des plus mémorables de l'histoire, laissant plus de 30,000 soldats enterrés autour de la place.

Tous les traités qui sont intervenus depuis entre la France, l'Empire et l'Espagne, ont reconnu et respecté les actes accomplis en 1552. Le traité de Cateau-Cambrésis, qui mit fin à la guerre en 1559, et qui nous imposa la reddition de cent quatre-vingt-dix-huit villes, places ou forteresses occupées par des garnisons françaises, et auxquelles l'empereur se prétendait

---

(1) Varillas. — *Histoire de Henry II*, livre III, p. 293.

quelque droit, ne parla pas des trois Evêchés, lesquels nous restèrent. Le traité de Munster ou de Westphalie, un siècle plus tard, en 1648, confirma la souveraineté de la France, et depuis, elle n'a jamais été contestée.

D'autre part, les comtés de *Clermont, Stenay* et *Jametz,* ont été réunis à la couronne par le traité de Liverdun, du 26 Juin 1632. Gaston d'Orléans, qui venait d'épouser en secret la princesse Marguerite, sœur de Charles IV, duc de Lorraine, avait entraîné dans ses intrigues et ses révoltes ce faible prince, qui dut, à deux reprises, implorer la clémence du roi. Une première fois, Louis XIII se contenta d'exiler son frère en Flandre, auprès de sa mère, Marie de Médicis, sans rien imposer au duc de Lorraine. Mais la seconde, il exigea que celui-ci lui cédât en toute propriété la forteresse de Clermont, et lui remit en dépôt les villes de Stenay et de Jametz. Trente ans plus tard, le 28 Février 1661, Mazarin, régularisant à Vincennes avec le duc de Lorraine le traité des Pyrénées, qui avait stipulé le rétablissement de ce prince dans ses états, retint à titre de propriété définitive les villes de *Stenay* et de *Jametz,* celles de *Moyenvic,* de *Sierck,* de *Sarrebourg* et de *Phalsbourg.*

Il en fut ainsi de *Thionville* et de *Montmédy* vers la même époque. Thionville, qui avait été une résidence royale sous les Carlovingiens, était passée à différents maîtres à l'époque féodale. Reconquise par le duc de Guise en 1548, cédée au roi d'Espagne par le traité de Cateau-Cambrésis, en 1559, elle fut définitivement réunie à la couronne par le traité des Pyrénées, en 1659.

Le même traité nous donna encore Montmédy, qu'avait fondée au XIIIe siècle le comte de Cheny, et qui, après avoir appartenu à la maison de Luxembourg, était tombé sous la domination espagnole.

Tels sont les divers traités consentis depuis plus de deux siècles avec le concours de toutes les puissances de l'Europe, et qui servent de base au droit public et politique moderne. C'est en vertu de ces traités que la Lorraine tout entière, sans distinction de ce qu'on appelle la Lorraine allemande ou la Lorraine française, a été incorporée à la France. On ne trouverait pour aucune autre province de titres ni plus réguliers ni plus respectables.

Ainsi la Lorraine, appartient au vieux sol gaulois, elle a subi comme toute la Gaule l'occupation romaine, et s'est comme elle imprégnée de la civilisation latine. Plus tard, conquise dès la première heure par les Francs, elle est devenue le siége de leur premier établissement, et nous avons pu dire le berceau de la monarchie française. C'est de la Lorraine et particulièrement de Metz que sont sorties la race de Pépin et de Charle-

magne, et celle des Capétiens eux-mêmes qui se ratta-
chent à une origine commune, celle de Saint Arnoul.
Le nom d'*Austrasie,* celui de *Lorraine,* ne rappellent
par leur origine que des souvenirs français, et alors
même que Charles, dernier héritier du premier Lothaire,
et les nouveaux ducs de Lorraine investis par l'Empire,
se soumettaient pour échapper à la suzeraineté des rois
de France qui les touchaient de plus près, au vasselage moins dangereux de l'Allemagne, les villes principales de la province protestaient en s'affranchissant
sous la protection de leurs évêques, et plus tard sous
l'indépendance de leurs échevins. Il n'y a pas jusqu'aux
princes de cette grande maison de Lorraine, qui, dans
toutes ses branches et en dépit des intérêts souvent con-
traires de la politique, ne se révèlent français. Ils parlent
la langue de France, ils se battent pour la France, le roi
de France érige pour eux des duchés-pairies, ils sont
ducs de Guise, ducs d'Aumale, de Joinville, de Mayenne,
marquis d'Elbeuf, archevêques de Reims, archevêques
de Sens, grands-prieurs et généraux des galères de
France, ils s'allient à la maison de France (1) en épou-

(1) Dans un remarquable écrit intitulé « *Les droits de la France
sur l'Alsace et la Lorraine* », dû à la plume exercée de M. Al-
fred Michiels, et qui me parvient au moment où je corrige les
épreuves de cette dissertation, je trouve relevée également page 13,
cette circonstance des nombreuses alliances de la famille régnante
de Lorraine avec la maison de France. Le savant écrivain cite notamment le duc Antoine, marié en 1515 à Renée de Bourbon, fille
du comte de Montpensier ; Charles III, gendre du roi Henri II, en
1559; Henri II de Lorraine, successeur de Charles III, marié le 30
Janvier 1598, avec Catherine de Bourbon, sœur du roi Henri IV.

sant des princesses de Bourbon, en mariant leurs filles aux ducs de Longueville, bien plus, au roi de France lui-même ; car n'était-elle pas lorraine, cette française née sur le trône d'Ecosse, et qui, *restée vefve au beau avril de ses plus beaux ans,* au moment de quitter la France, *appuyant les deux bras sur la pouppe de la galère du costé du timon, se mist à fondre en grosses larmes, jettant toujours ses beaux yeux sur le port, et répétant sans cesse : — Adieu, France! Adieu, France !* (Brantôme).

Les politiques et les érudits de la Prusse, daignent ne pas nous contester aussi vivement qu'ils le font pour l'Alsace, la nationalité de la Lorraine :

« Je dirai avec la même franchise, écrit un de leurs
» publicistes dans le *Moniteur Prussien* de Reims, du
» 18 Octobre 1870, que quant à la Lorraine, les sympa-
» thies de cœur de la nation allemande ne sont pas
» aussi fortement prononcées. Ce changement continuel
» de princes autrichiens, allemands, italiens, polonais
» et français qui ont régné sur la Lorraine, *a partiel-*
» *lement aliéné cet amour national que nous ressen-*
» *tons toujours pour l'Alsace,* et si le comte de
» Bismarck a demandé la possession de Metz, ce ne
» peut avoir été que dans un but essentiellement poli-
» tique et stratégique, but créé par la politique acca-
» parante et tortueuse qui, dans le temps, avait
» gratuitement provoqué la question luxembour-
» geoise. »

Il y aurait bien des erreurs à relever dans ces quelques lignes, mais il suffit en ce moment de prendre acte de ce que l'on n'insiste pas sur l'origine allemande de la Lorraine. *L'amour national de l'Allemagne* pour cette province a été *partiellement aliéné. Partiellement,* c'est à dire apparemment que la Lorraine de Stanislas, que Nancy et Bar ne nous seraient pas enlevés. C'est à Metz, à Phalsbourg, à Sarrebourg, à Thionville, à Montmédy peut-être, que se bornerait l'amour national allemand, et encore serait-ce dans un but essentiellement politique et stratégique. Ce n'est pas le traité de Vienne de 1738, ce sont les traités de Cateau-Cambrésis, des Pyrénées et de Westphalie, qu'il s'agit de réviser. Nous reprenons l'histoire à deux et trois siècles de distance.

Mais à supposer que les Allemands voulussent bien éprouver pour la Lorraine ces sympathies de cœur dont ils viennent de donner de si chaleureux témoignages à l'héroïque ville de Strasbourg, pensent-ils sérieusement être payés de retour ? Ce n'est pas la communauté de langue ou d'idiome qui leur sera là d'un très-grand secours pour exprimer aux populations cet amour national, qui n'a été encore que *partiellement aliéné.* A l'exception de l'arrondissement de Sarrebourg, dans la Meurthe, où il se parle un très-mauvais allemand, aussi difficile à comprendre en Allemagne qu'en France, à l'exception encore des portions du département de la Moselle qui confinent au Rhin, et où l'on trouve un langage assez original, composé de patois messin et de

. patois allemand, partout ailleurs on parle français, et on peut même dire un français généralement assez pur. Dans la Meuse et dans la Meurthe, si la langue populaire présente quelqu'altération, c'est qu'elle a conservé la trace, au dire des philologues, du vieil idiome de la Gaule qui se rapprocherait du latin de Rome primitive, avant la belle langue latine.

La langue n'est au surplus qu'un indice, et non une preuve de la nationalité. Toutes les populations frontières, appelées à des communications fréquentes entre elles, adoptent un langage intermédiaire, composé de mots empruntés à la langue des deux nations riveraines, ce qui forme les patois. Les gens instruits parlent les deux langues, quelques-uns inclinent plus d'un côté que de l'autre; mais faites de cette quasi-communauté de langue une cause d'annexion et une excuse de conquête, à chaque génération il faudra recommencer la guerre, jusqu'à ce que les peuples soient tous réunis, parlant la même langue sous un même sceptre. Si ce sceptre était celui des Hohenzollern, cela plairait sans doute à M. le comte de Bismarck, et ne déplairait pas, à ce qu'il parait, au trop généreux roi de Bavière.

Si la langue ne suffit pas à constituer la nationalité, il n'en est pas de même de la similitude de goûts, d'instincts, de caractère, qui tiennent au sol natal, de la communauté de sentiments et d'intérêts produits par une longue soumission aux même lois, et enfin de cette alliance intime, de cette confraternité qui fait qu'on éprouve les même joies, qu'on ressent les mêmes douleurs, et que scelle, dans les agitations de la vie politique comme dans les hasards des combats, le sang des martyrs et des héros. Qui donc, sous ce rapport, peut se dire plus française que la française Lorraine ! Mais pour qu'elle cessât de l'être, il faudrait déchirer toutes les pages de son histoire, et en effacer jusqu'au souvenir; il faudrait mutiler ses monuments, briser ses statues, renier ses ancêtres, blasphémer ses gloires. Le génie des lettres, des sciences et des arts allemands peut-il se reconnaître dans Palissot, la marquise de Graffigny, le chevalier de Boufflers, Saint-Lambert, Gilbert, Callot, Claude Lorain, Isabey, Girardet, dans dom Calmet, Richard de Wasbourg, Charles François, l'inventeur de la gravure en dessin, et parmi les contemporains le peintre Yvon, Ambroise Thomas, et jusqu'à MM. Edmond About et Erckmann-Chatrian? Comment l'Allemagne arrivera-t-elle à classer dans le panthéon de ses hommes célèbres Bassompierre et le pape Léon IX, le cardinal de Luxembourg, les ducs de Feltre et de Massa, les ministres Bouchotte, Barbé de Marbois et de Serre ? Dans quel musée, est-ce à Berlin, à Munich, à Stuttgard ou à Dresde, qu'elle appendera, après les avoir arrachés de Versailles, les portraits du général Chevert, des maréchaux Gouvion-Saint-Cyr, Gérard, Mouton, Molitor, Oudinot, Drouot, Excelmans et Victor, ceux des généraux Radet, Duroc, Bourcier, Rampon, Hugo, Fabvier, Eblé, Jacquéminot, Custine,

Gaudin et Villate (1)? Quel palais ornera-t-elle aussi de ce beau tableau de la bataille de Valmy, où le général Kellermann, cet enfant de l'Alsace, faisant avancer sa réserve d'artillerie, et élevant son chapeau en l'air, sur la pointe de son sabre s'écrie : « Mes enfants, la victoire est à nous, laissons avancer l'ennemi et chargeons à la bayonnette. »

Enfin, M. le comte de Bismarck fera-t-il transporter à Berlin ou laissera-t-il debout sur son piédestal, au milieu de la place de l'Hôtel de ville de Metz, la statue du maréchal Fabert, cette glorieuse figure, l'une des plus pures de la France, qui fait souvenir de Scipion et de Bayard. C'est celle du fils d'un petit libraire de Metz, élevé par son seul mérite, et sous le grand Roi ! à la plus haute dignité militaire. Elle ne rappellerait pas seulement à l'Allemagne cette victorieuse retraite de Mayence, qu'on a comparée à celle *des dix mille,* mais elle pourrait être d'un fâcheux exemple pour le respect de sa hiérarchie militaire tout aristocratique.

Il pourra lire, gravées sur le piédestal de la statue, ces mémorables paroles : « Si, pour empêcher qu'une

---

(1) Nous aurions pu ajouter bien des noms à cette rapide énumération des illustrations lorraines. C'est à dessein que nous avons omis celui de l'immortelle fille de Domremy, née d'un digne Champenois, sur la limite qui sépare la Champagne de la Lorraine. Il y aurait presque sacrilége à supposer que le toit qui abrita l'enfance de la belle et brave héroïne qui porta si dignement l'épée de la France, put devenir la conquête du successeur du grand Frédéric.

place que le roi m'aurait confiée ne tombât au pouvoir de l'ennemi, il fallait me mettre à une brêche, moi, ma famille et tout mon bien, je ne balancerai pas. »

Qu'il fasse fondre le bronze de ce monument qui n'a pu, hélas ! protéger sa patrie, et qu'il le remplace par l'image du héros du Mexique, ou s'il le préfère, par celle de l'homme de Sedan, car , par une cruelle ironie du sort, le nom de Fabert ne rappelle pas seulement *Metz*, sa ville natale, mais aussi *Sedan*, dont le gouvernement lui avait été confié par Louis XIV. M. le chancelier de l'Allemagne du Nord pourra remplacer l'inscription par celle-ci :

A LOUIS NAPOLÉON III

EMPEREUR DES FRANÇAIS

L'EMPEREUR D'ALLEMAGNE

RECONNAISSANT

2 Septembre 1870.

III

L'ALSACE

L'ancienne province de l'Alsace a composé, avec quelques districts détachés de la Lorraine, deux de nos départements modernes, le Haut-Rhin et le Bas-Rhin. Sa longueur, du canton de Bâle au Palatinat, était de 46 lieues, et sa largeur, du Rhin aux Vosges, variait de 8 à 12 lieues. Aujourd'hui, les départements du Haut-Rhin et du Bas-Rhin comprennent près de 866,557 hectares et une population de 1,100,000 habitants. C'est le seul pays de la France, telle qu'elle a été réduite par les traités de 1815, qui ait conservé le Rhin pour frontière.

Le Rhin, cause de tant de guerres, et qui bientôt aura fait verser autant de sang qu'il roule d'eau dans ses flots, descend des glaciers qui dominent la vallée des Grisons. Il parcourt la Suisse, sa terre nourricière, traverse le lac de Constance, sépare du grand-duché de Bade les cantons de Bâle et de l'Argovie. Il nous arrive alors, *tout fier du progrès de ses eaux*, au pied de notre pauvre citadelle démantelée d'Huningue. De là au confluent de la Lauter, à l'extrême limite septentrionale de l'Alsace, il baigne à la fois la France et l'Allemagne. Il devient ensuite allemand sur ses deux rives jusqu'au fort de Shenkoschentz, en Hollande, où il se divise en deux bras. A gauche, par Nimègue, il se précipite à la mer sous le nom de Wahal ; à droite, il garde son nom jusqu'à Arnheim. De là au nord c'est l'Yssel, se jetant dans le Zuyderzée ; à l'ouest, c'est d'un côté le Leck, qui va se confondre avec la Meuse, et de l'autre le vieux Rhin, dont l'embouchure bouleversée, il y a mille ans, par les débordements de l'Océan, se perd dans les dunes de Catwyk.

De sa source à son embouchure, le Rhin parcourt 1,350 kilomètres. L'Allemagne en possède seule toute la partie intermédiaire, soit un tiers sur les deux rives. Elle a de plus un droit mitoyen sur la partie qui la sépare de la France et qui compte environ 200 kilomètres ; le surplus se partage entre la Suisse et la Hollande.

Si le Rhin est Allemand dans une partie de son cours, il est Suisse à sa naissance, Français plus loin, Hollandais ensuite. Conclure de la possession ou de la propriété d'une partie à un droit privatif sur le tout, c'est étendre sa revendication des glaciers du Saint-Gothard aux rivages de la mer du Nord.

Le fleuve ne se comprend pas sans ses rives ; et alors jusqu'où la possession de l'un entraînera-t-elle celle des autres ? Si, sur la terre de France, le vainqueur s'arrête aux ballons des Vosges, où s'arrêtera-t-il dans les pâturages et les canaux de la Hollande ?

Ces mots « *Le Rhin Allemand* », résonnent harmonieusement sans doute dans les chants patriotiques de l'Allemagne, mais dans le langage diplomatique, où, retentissant par la voix du canon, ils ne menacent pas seulement la France, mais encore la Suisse, la Hollande et les Pays-Bas entiers.

On prétend aussi que l'Alsace n'est pas Française, qu'elle est Allemande d'origine, de mœurs et de caractère.

Pendant longtemps, en effet, l'Alsace a dépendu de l'Empire. Mais voici plus de deux siècles qu'elle fait partie de la France.

Quels sont les droits et les titres qui ont prévalu alors, et quels sont les traités qui les ont consacrés ?

Quelle est, puisqu'on parle des mœurs et du caractère des populations, la nationalité véritable à laquelle celles-ci appartiennent et veulent appartenir ?

L'Alsace, avant sa réunion à la France, comprenait 1,052 paroisses ou communautés, 505 dans la haute

Alsace, 285 dans la basse, 201 dans le comté de Hanaw et 61 dans les bailliages dits contestés. Dans le nombre se trouvaient 66 villes, les plus importantes s'étaient rendues indépendantes sous le nom de Villes Impériales, savoir : *Colmar, Kayserberg, Munster, Schelestadt, Turckheim, Haguenau, Landau, Obernheim, Rossheim, Strasbourg et Weissembourg.*

La population, vers le temps de la paix de Ryswick, en 1697, était de 250,000 âmes (1), et le dénombrement général de 1750, à cinquante années de distance, en accuse 400,000, près du double, en y comprenant, il est vrai, Belfort, dépendant antérieurement du comté de Montbelliard, non compris dans les recensements de 1697 et de 1698 et qui figure pour 15,000 âmes dans celui de 1750. La progression depuis ne s'est pas ralentie. Si quelques pays de la Lorraine ainsi que Mulhouse, qui formait jusqu'en 1798 une petite république indépendante, ont été réunis au département du Haut-Rhin, d'autres, qui dépendaient de l'Alsace, en ont été distraits, notamment Landau. Or, la population actuelle est de 1,100,000 âmes. Les statistiques indiquent pour le Haut-Rhin une augmentation de 226,514 habitants depuis le commencement du siècle, et de 138,732 pour le Bas-Rhin, au total 365,246, soit un tiers environ de la population totale.

(1) Le dénombrement fait par M. de la Grange, intendant d'Alsace en 1697, donne 247,000 âmes, et celui fait en 1698, par M. de la Houssaye, intendant d'Alsace, en donne 257,000.

Le sol, au point de vue agricole, a suivi le même progrès. Les défrichements, la mise en culture des terrains vagues, les irrigations, l'application de toutes les nouvelles méthodes agricoles, qui s'y fait avec une ardeur peu commune, ont sinon changé le sol qui est particulièrement fertile, du moins l'ont porté à son plus haut degré de production. On estime à plus de 140 millions la valeur annuelle des produits agricoles. Les bois y sont superbes, les pâturages abondants, surtout au flanc des collines qui s'adossent aux contreforts des Vosges. Les vignobles de Guebwillers, Colmar, Kayserberg, Ribeauvillé, sont productifs et estimés. Le lin, le chanvre, le tabac, les plantes légumineuses sont cultivés avec succès, et la présence et de mines de cuivre, de zinc, de cobalt, d'argent, de fer, de minerai, les carrières de granit, de porphyre et de marbre, les houillières, contribuent à faire de cette province une des plus riches de la France.

L'industrie y a pris un essor remarquable. On connaît les ateliers de MM. Kœchlin et Schumberger. Les filatures, les fouleries, les teintureries, les fabriques de toile de coton, d'étoffe de laine, les impressions sur étoffes, les bonneteries, les papeteries, les brasseries, les huileries, les tanneries, les verreries, les savonneries placent l'Alsace à la tête de nos pays manufacturiers.

Tous ces progrès, toute cette prospérité sont dus aux profonds changements apportés dans le pays par les mesures politiques et administratives qui ont suivi la réunion de l'Alsace à la France, et aux bienfaits de la paix que n'avait jamais connus cette malheureuse contrée.

Par suite de sa séparation de la mère-patrie, et de son éloignement du centre de l'Empire, auquel elle avait été rattachée, cette province avait été divisée en un nombre considérable de fiefs. Les nombreuses guerres qui l'avaient ravagée avaient resserré davantage encore les liens de la dépendance féodale. Le droit d'aînesse n'y était pas admis, les successions se partageaient par têtes ; aussi les familles nobles s'y étaient propagées à l'infini. On en avait compté jusqu'à sept cents dans la haute Alsace. La guerre se chargeant d'y faire des coupes sombres, on n'en comptait plus que trois cents dans toute l'Alsace au moment de la réunion. Les juridictions y étaient sans nombre. La seule ville de Strasbourg en possédait vingt-neuf. Les fiefs, au dire des historiens y jouissaient de très-beaux priviléges, et surtout de celui des corvées. Les paysans étaient obligés de faire des corvées de bras et de chevaux toutes les fois qu'ils en étaient requis par leurs seigneurs. L'un des premiers changements que fit Louis XIV, fut de réduire ces corvées à cinq par année, et de les déclarer rachetables à raison de 15 sols par cheval et de 10 sols par personne.

La prospérité croissante de cette province l'a profondément attachée à la France. Elle est une de celles qui s'est jetée, à la Révolution, avec le plus d'ardeur dans les idées nouvelles. Sur onze députés à la Convention nationale, sept ont voté la mort du roi, dix contre un ont repoussé l'appel au peuple, et six contre quatre ont rejeté le sursis.

Ecartons ce funèbre et douloureux souvenir que feront bien de méditer les conquérants futurs, et disons que depuis la fin du XVIIe siècle, l'Alsace a fourni à nos armées ses plus braves soldats. Comme tous les pays frontières, elle porte plus haut que les autres encore le sentiment patriotique. A l'ardeur qui pousse et anime ses enfants sous les drapeaux, on reconnaît les populations plus particulièrement consacrées à la garde et à la défense du sol de la patrie. Les noms de Kléber, de Kellermann, des maréchaux Lefèvre et Molitor, des généraux Rapp, Bruyer, Beysser, Schramm et de l'amiral Bruat, attestent leurs vertus guerrières et leur dévouement à la patrie. Aujourd'hui dans cette guerre affreuse où la France combat pour eux, et où leur sort est l'enjeu des batailles, tout ce qui est en état de porter les armes déserte ses foyers envahis et lutte pour son indépendance menacée et sa nationalité compromise.

A entendre les publicistes allemands, nous aurions jadis envahi l'Alsace *par surprise*, et nous ne serions contraints en ce moment que *de restituer à l'Allemagne ce que Louis XIV lui aurait ravi par*

des actes de fraude, de force et de guet-apent.
Nos droits ne reposeraient que sur *les exploits odieux
du soi-disant grand Roi,* et ne seraient autres que
ceux que *donne un ancien tort : et un droit peut-il
légalement découler d'un tort (1).*

Quelle est donc l'Alsace, et que valent de tels re-
proches ?

L'Alsace tire son nom, disent les étymologistes, de
la rivière d'Ell, aujourd'hui Ill, qui la traverse presqu'en entier. D'*Ell* serait venu *Elsass,* puis *Alsace.*
Quoiqu'il en soit, on rencontre le nom d'*Alsatia* pour la
première fois au VIIe siècle. Autrefois, comme la Lorraine, elle faisait partie des Gaules. Les *Rauraci,* les
Tribocci qui l'habitaient étaient des peuples celti-
ques, qui n'avaient rien de commun avec les tribus
germaniques. Les légions de Jules-César eurent la
plus grande peine à les soumettre ; elles ne se rendirent qu'après la défaite de Vercingétorix. La civilisation romaine les pénétra à leur tour et les assimila
peu à peu à la métropole jusqu'aux premières invasions
des barbares. Du Ier au Ve siècle, elles firent partie de
la *grande Séquanaise* et de la *première Germanie.*
Ces provinces dévastées par les Alains, les Vandales,
les Suèves, les Burgondes, puis par les Huns, qui

(1) *Moniteur officiel (Prussien)* publié à Reims, no du 18 Décembre 1870.

détruisirent de fond en comble la ville d'*Argentoratum*, furent conquises en dernier lieu par les Francs. Clovis prétendit et parvint à s'y maintenir seul, et par la victoire de Tolbiac (1), il en chassa les Allemands qui les avaient envahies à sa suite.

Sous les rois Mérovingiens, l'Alsace, comme la Lorraine, fut conprise dans le royaume d'Austrasie. Clovis avait posé la première pierre de l'église d'*Argentoratum*, qui renaissait de ses cendres. Dagobert Ier la fit ériger en évêché vers 637, et la ville changea alors son nom en celui de Strasbourg, *Strateburgum*, bourg fortifié, ou plus exactement bourg ou château de la route. Pendant cette première période, l'administration de la province fut confiée à des ducs. L'un d'eux, Luitfrid Ier, ayant voulu se rendre indépendant, fut défait et tué par Charles-Martel. Son successeur, Luitfrid II, fut dépossédé à son tour et remplacé par des officiers, appelés *Cameræ nuntii*, qui gouvernèrent sous l'autorité des rois de France jusqu'au démembrement de l'empire de Charlemagne. Le traité de Verdun rangea l'Alsace parmi les états du royaume de Lothaire , et ce n'est qu'en 954, après Louis IV dit d'Outremer, qu'elle passa, par la défection de Charles de Lorraine, sous la souveraineté des empereurs d'Allemagne, et fit partie du Cercle du Haut-Rhin.

(1) *Tolbiac*, on croit généralement que c'est Zulpich ou Zulch, petite ville sur la Nassel, à 7 lieues S.-O. de Cologne.

Si donc par le traité de Munster en 1648, l'Alsace avait été ravie à l'Allemagne, Mazarin n'aurait fait qu'imiter l'exemple donné en 954 par l'empereur Othon-le-Grand.

Othon divisa les états de Charles de Lorraine, et, rattachant plus étroitement l'Alsace à l'Empire, il y plaça des ducs bénéficiaires amovibles, qui s'y succédèrent au nombre de seize jusqu'en 1080. A cette époque, l'empereur Henri IV réunit l'Alsace à la Souabe entre les mains de Frédéric de Buren, de la maison de Hohenstaufen, qui devait fournir six empereurs à l'Allemagne. De là vient que dans les chartes du temps, les princes de cette maison prennent le titre de ducs d'Alsace, de Souabe et d'Allemagne.

Pendant la domination des ducs de Souabe sur l'Alsace, les empereurs la divisèrent en deux gouvernements, à la tête desquels ils placèrent des comtes provinciaux ou *Landgraves*. Ceux-ci se rendirent bientôt indépendants et s'emparèrent des droits régaliens. On distingua dès lors les comtés de la basse Alsace ou du *Nordgau*, et de la haute Alsace ou du *Suntgau*, le *Landgraviat inférieur* et le *Landgraviat supérieur*.

Le Landgraviat inférieur ou Nordgau passa de la maison des comtes de Metz à celle de Werd, puis aux évêques de Strasbourg et, enfin à la maison de Habsbourg, qui avait succédé dans le Landgraviat supérieur à la maison d'Egisheim. Cette maison, qui allait être appelée à de si hautes destinées, réunit ainsi les deux landgraviats dans sa main et s'en fit une véritable principauté qu'elle conserva jusqu'en 1648.

« Le domaine des Landgraves ne comprenait pas toute l'Alsace, car il y avait des lieux qui étaient exempts de leur juridiction, les uns par le droit com mun, et les autres par des priviléges qu'ils avaient obtenus des rois. On sait, par exemple, que les maisons royales et les Villes principales étaient par le droit commun exemptes de la juridiction des comtes provinciaux. Outre ces titres d'exemption, la ville de Strasbourg en avait une autre, car les empereurs se l'étaien spécialement réservée avec toutes ses dépendances tan au dedans qu'au dehors (1).»

Nous avons parlé des guerres qui ont dévasté cette province pendant tout le cours du Moyen-Age. Aucune ne fut en effet plus éprouvée. Strasbourg, détruit en 455 par Attila, le fut une seconde fois au XIe siècle, pendant les luttes dynastiques des empereurs. L'invasion des Normands s'étendit à toute la province, et plus tard, l'autorité de l'Empire ne put suffire à la protéger pendant la guerre de succession, qui mit aux prises la France et l'Angleterre à l'avènement des Valois. A peine sortie de cette crise, elle prit parti dans

(1) Expilly. — Dictionnaire géographique, historique et politique des Gaules et de la France. Voyez Alsace. Paris, 1762, in-f°.

les querelles de la France et de la Suisse, avec Charles-le-Téméraire. Schelestadt, Strasbourg, Vissembourg, Mulhouse, se liguèrent avec les Cantons helvétiques, et leurs soldats couvrirent les champs de bataille de Granson, de Morat et de Nancy. Les prétentions des évêques, la révolte des paysans contre les seigneurs connue sous le nom de guerre des *rustauds*, les guerres de religion, animées par la présence de Calvin, enfin la guerre de Trente ans qui décida de son sort, ne lui laissèrent ni repos ni merci.

La paix de Westphalie sonna l'heure de la délivrance, et inaugura pour elle dans le triomphe de sa nationalité une ère de rénovation et de progrès.

Arrétons-nous sur cette paix fameuse, objet de tant de récriminations et d'erreurs. Combien de personnes n'ignorent-elles pas comment l'Alsace nous a été rendue ! Aussi n'est-il pas sans intérêt, dans les tristes conjonctures où nous ont placés les aventuriers auxquels la France a eu la coupable témérité de confier ses destinées, de rappeler par quels efforts d'une lente et prudente politique, par quel concours de succès militaires glorieusement achetés, succès qui du moins n'ont pas été stériles pour la patrie, les populations Alsaciennes sont redevenues Françaises.

Les traités de Munster et d'Osnabruck, autrement dits la paix de Westphalie, signés les 6 Août et 24 Octobre 1648, ne sont rien moins que le code poli-

.tique de l'Europe. Ratifiés par tous les traités conclus depuis, ils constituent avec ceux-ci l'ensemble du droit politique moderne. La France y a joué assurément le plus grand rôle, mais si elle y a présidé par ses armes et par sa politique, elle n'a pas été la seule à y dicter des lois et à en profiter. Il s'agissait en effet de mettre fin à la guerre qui divisait depuis si longtemps l'Allemagne, et l'Europe entière y a concouru. La paix fut favorable à la France victorieuse, mais elle ne le fut pas moins aux princes d'Allemagne ses alliés, à la Suède, aux Provinces-Unies, à la Suisse et particulièrement à l'électeur de Brandebourg.

La guerre de Trente ans, terminée en 1648, remonte par ses origines et ses causes à un siècle de distance. La pacification de 1552, accordée par Charles-Quint aux luthériens de l'Allemagne, n'amnistiait que les sécularisations alors accomplies, et ne concernait d'ailleurs que les protestants de la confession d'Augsbourg. Les mêmes causes qui avaient amené les ligues protestantes du XVIᵉ siècle , en amenèrent bientôt d'autres. — L'expulsion de l'archevêque de Cologne , qui , converti à la doctrine de Calvin , n'en prétendait pas moins garder et séculariser son évêché (1583), les troubles d'Aix-la-Chapelle et de Donawerth (1605), la ligue évangélique entre les luthériens et les calvinistes sous la direction de l'électeur palatin Frédéric V (1608), l'insurrection de la Hongrie et de la Transylvanie sous l'archiduc Mathias, frère de l'empereur, les troubles de Bohème apaisés par les imprudentes *lettres de majesté*, tous ces graves événements étaient entr'autres depuis un quart de siècle les précurseurs d'une conflagration générale, ayant pour but l'amoindrissement de la puissance de la maison d'Autriche. L'ouverture de la succession des duchés de Clèves et de Juliers vint la faire éclater.

Quatre prétendants à cette succession se trouvaient en présence : les branches *Albertine* et *Ernestine* de la maison de Saxe revendiquant chacune, et à des titres divers, des droits d'expectative qui les substituaient à la ligne masculine, l'électeur de Brandebourg fort des droits de sa femme, Anne de Prusse, fille de la sœur aînée du dernier duc de Juliers, et le comte palatin de Neubourg du chef de sa femme, Anna de Juliers, sœur puînée de celui-ci.

L'empereur Rodolphe II se faisant arbitre, adjugea la succession à titre provisoire, en attendant l'arrêt définitif, à l'archiduc Léopold, évêque de Strasbourg et de Passau. C'est alors que l'électeur de Brandebourg se ligua avec le comte palatin de Neubourg, déniant à l'empereur son droit prétendu d'arbitrage et ralliant à lui tous les princes protestants de l'Allemagne.

Le traité de Dortmund entre ces deux princes, la ligue des protestants à Hall en Souabe (1), celle des

---

(1) La plupart des princes protestants d'Allemagne, craignant que l'empereur ne voulût conserver les états pour lui-même ou pour quelque prince de sa maison, résolurent de s'assembler à

catholiques à Wurtzbourg sous le patronage de Maximilien, duc de Bavière, la prise de Juliers par l'empereur et celle de Strasbourg par les protestants servent de prologue au drame.— La France n'y prit d'autre part que l'adhésion donné par Henri IV à la ligue protestante. Ce prince allait fournir 8,000 hommes de pied et 2,000 chevaux aux héritiers du duc de Juliers, et envoyer 24,000 hommes du côté de l'Espagne, lorsque le couteau de Ravaillac arrêta l'exécution de ses projets. Ce funeste événement ne fut pas étranger à la réconciliation éphémère des princes protestants et catholiques de l'Allemagne à Wilstett et à Munich (1610).

L'action, un instant retardée par la mort de Henri IV,

Hal en Souabe, au mois de Février 1610, pour s'opposer à ce dessein ; ainsi *Jean Sigismond*, électeur de Brandebourg, *Jean*, duc des Deux-Ponts, *Philippe Louis*, duc de Neubourg, *Jean Frédéric*, duc de Wirtemberg, *Georges Frédéric*, marquis de Bade-Dourlac, et *Christian*, prince d'Anhalt, s'y étant rendus en personne avec plusieurs comtes et les députés de l'électeur palatin, du landgrave de Hesse, et de quinze Villes Impériales ; ils s'unirent ensemble pour leur défense mutuelle et pour mettre l'électeur de Brandebourg et le duc de Neubourg en possession de ces états, sans préjudice du droit des autres prétendants.

Pour rendre leur parti encore plus fort ils députèrent *Christian,* prince d'Anhalt, vers le roi *Henri IV*, qu'ils savaient bien s'être déjà expliqué contre l'agrandissement de la maison d'Autriche ; il fut fort bien reçu et le roi renvoya avec lui le sieur de *Boissise*, conseiller d'Etat, pour savoir ce qu'il se pourrait promettre de ces princes dans la guerre qu'il promettait d'entreprendre hautement pour ce sujet. (Histoire des traités de paix et autres négociations du XVIIe siècle, depuis la paix de Vervins jusqu'à celle de Nimègue. In-folio. Amsterdam, 1725, Ier, p. 489.

s'engage quatre années plus tard. C'est encore l'électeur de Brandebourg qui ouvre le drame par le soufflet
donné à son gendre, le comte palatin de Neubourg.
Le comte furieux passe dans le camp des catholiques,
épouse en secondes noces une princesse de Bavière, et
appelle l'Espagne à son aide. L'électeur de Brandebourg
de son côté, pour obtenir le secours du prince d'Orange
et des Provinces-Unies, de luthérien se fait calviniste.—
La France n'intervient que comme médiatrice. Elle fait
accepter le traité de Souten qui clôt le premier acte.
On convenait de partager la succession en deux parts,
et de tirer ces parts au sort.

Les populations n'étaient pas consultées alors plus
qu'on ne paraît soucieux de le faire en ce moment.

Le second acte commence par l'insurrection de Bohème
et l'acte de violence connu sous le nom de *défénestra-
tion de Prague*. L'électeur palatin, Frédéric V,
gendre du roi d'Angleterre et neveu du stathouder de
Hollande, y joue le rôle principal, escorté d'Ernest
de Mansfeld, de Georges Frédéric, margrave, de Bade,
de Jean George de Brandebourg et du chevaleresque
amant de la princesse palatine, *l'ami de Dieu et l'ennemi des prêtres*, ainsi qu'il se nomme lui-même,
Georges de Brunswick. Aussi a-t-on appelé cette période la période palatine. — La France y reste étrangère.

Les états de Basse-Saxe révoltés à leur tour, appelèrent à leur aide le roi de Danemarck, qui faisait partie, en qualité de duc de Holstein, du Cercle de la Basse-Saxe. Avec ce prince commence la période danoise, celle des fameux combats livrés par les généraux Wallenstein et Tilly à Mansfeld et Christian de Brunswick. La France y reste encore étrangère, si ce n'est que les intrigues secrètes du Père Joseph, confident de Richelieu, n'auraient pas été sans influence sur la disgrâce de Wallenstein, qui détermina la paix de Lubeck.

Au quatrième acte, l'intérêt redouble avec Gustave-Adolphe. Comme protestant, l'illustre roi de Suède prenait en main la défense de ses coreligionnaires opprimés ; comme prince européen, il s'attaquait à la puissance de la maison d'Autriche, et se vengeait à la fois des secours que celle-ci avait prêtés à la Pologne contre lui et des dédains de Wallenstein, qui avait refusé d'admettre ses ambassadeurs aux conférences de Lubeck. Dans cette période si mouvementée, se trouvent le sac de Magdebourg, la bataille de Leipsick (1631), la mort de l'illustre général de Tilly au passage du Leck, l'entrée de Gustave-Adolphe dans Munich ayant à ses côtés l'ancien électeur palatin, Frédéric V, le héros de la période palatine, le rappel de Wallenstein, devant lequel l'empereur s'humilie, et la bataille de Lutzen où périt, frappé par derrière au milieu de son triomphe, le héros de la Suède. — Ici la France reprend plus ouvertement le rôle de Henri IV. Elle fournit des subsides à son allié le roi de Suède et s'unit au duc de Mecklemb ourg, au landgrave de Hesse, à l'électeur de Saxe, à l'électeur de·Brandebourg et au duc de Saxe-Weimar, tous confédérés contre l'empereur. C'est le duc de Saxe-Weimar, élève de Gustave-Adolphe, qui achève la victoire de Lutzen et conduit la guerre jusqu'au traité de Prague en 1635.

Dans le cours de ses succès, après la victoire de Leipsick, Gustave-Adolphe avait envahi le Palatinat. Après avoir délivré ce pays des Espagnols, passé le Rhin, chassé l'électeur de Mayence, et forcé celui de Trèves à se séparer de l'empereur, il pénétra jusque dans l'Alsace, dont la prise de Wissembourg lui ouvrit les portes. Lui mort, le duc de Saxe-Weimar acheva sa conquête, sauf Brissac dont il ne put se rendre maître. Lorsque ce prince disparut à son tour, le célèbre chancelier Oxenstiern continua les hostilités encore pendant quelque temps, mais voyant la victoire quitter les drapeaux de la Suède à Nordlingue, et la plupart de ses alliés retourner au giron de l'empire, il offrit à la France les places conquises en Alsace et lui transmit la direction de la guerre. Richelieu accepta le legs de Gustave-Adolphe (1), et alors s'ouvrit le cinquième acte ou la période française de la guerre de Trente ans.

(1) La défaite de Norlingue obligeait les généraux suédois à re-tirer leurs garnisons des places d'Alsace pour renforcer leur ar-mée de campagne. Pour·éviter que les Impériaux ne reprissent ces places, le chancelier Oxenstiern les remit à la France, en vertu

On ne s'aventurait pas alors dans de pareilles entreprises sans préparatifs et surtout sans alliances. La Suède laissait à la France la disposition de ses armées (1), le duc de Saxe-Weimar s'engageait à maintenir 18,000 hommes sous les armes (2), le Landgrave de Hesse en promettait 10,000 (3), les Provinces-Unies 25,000 hommes de pied et 5,000 chevaux (4), le duc de Savoie, le duc de Mantou et le duc de Parme (5) donnaient d'un autre côté leur concours. Richelieu lance alors quatre armées contre l'Espagne et l'Empire, l'une dans les

d'un traité passé le 9 Octobre 1634. Les Français mirent garnison dans Colmar, Schelestadt, Dachisseim, Ensisheim, Rachstat, Manheim, Spire et autres villes du Rhin abandonnées par les Suédois, se mirent sous la protection du roi, dans la crainte des mauvais traitements que les Impériaux faisaient souffrir aux habitants des places dont ils se rendaient maîtres. Il ne resta plus aux Suédois en Alsace que la seule place de Bensfeld, qui dépendait de l'évêché de Strasbourg. — Voy. Hist. des traités de paix du XVIIe siècle. Amsterdam, 1725, in-folio, t. Ier, p. 307.

(1) Traité de Paris du 1er Novembre 1634, de Compiègne, 1635.

(2) Traité de Saint-Germain-en-Laye du 26 Octobre 1635. — Par les articles secrets de ce traité, le duc de Saxe-Weimar s'engageait à commander sous l'autorité du roi, de le servir envers et contre tous, et de conduire son armée en tous lieux que Sa Majesté désignerait. Le roi, de son côté, lui promettait quatre millions par an pour l'entretien de son armée, sur lesquels le duc prendrait pour lui-même huit cent mille livres. Il lui promettait en outre après la guerre une pension viagère de cent cinquante mille livres, le landgraviat d'Alsace, y compris le bailliage de Haguenau.

(3) Traité de Vesel du 21 Octobre 1636.

(4) Traité de Paris du 8 Février 1635.

(5) Traité de Rivoli du 1er Juillet 1635.

Pays-Bas, une seconde en Italie, une autre dans la Valteline et la dernière sur le Rhin.

Il avait été convenu avec le duc de Saxe-Weimar qu'il conserverait l'Alsace, s'il pouvait s'y maintenir sous la suzeraineté de la France. Lorsque ce prince vint à mourir, comme Gustave-Adolphe, son maître, au milieu de ses succès, ce fut à qui s'emparerait de son armée. Richelieu fut le plus habile, il traita avec le major-général d'Erlach, et gagna à la fois les officiers, les soldats et l'Alsace.

Richelieu et Louis XIII disparurent à leur tour. Tout pouvait être compromis, lorsqu'entra en scène Louis de Bourbon, alors duc d'Enghien. Du premier coup, à vingt-un ans, il bat les Espagnols à Rocroi. Il prend avec Turenne le commandement de l'armée Weimarienne et court réparer l'échec du comte de Rantzau à Tudelingen par les éclatantes victoires de Fribourg et de Nordlingen. Pendant que les Suédois ensuite, conduits par le général Tortenston, remportaient d'un autre côté de brillants avantages, Turenne reprenait Courtray et Dunkerque aux Espagnols, s'avançait en Bavière et traitait avec le duc Maximilien.

La guerre languit alors pendant quelque temps ; on chercha à négocier sanspouvoir y parvenir. Mazarin pressé d'en finir, rappela Condé qui venait d'échouer contre Lérida en Espagne, et le héros de Rocroi uni à Turenne, remporta la célèbre victoire de Lens. Cette victoire décida de la paix.

Les négociations remontaient à 1636, elles avaient été commencées à Cologne sous la médiation du pape Urbain VIII, de Christian IV, roi de Danemarck et de la République de Venise. Les conférences s'étaient succédées sans résultat jusqu'en 1641, époque où il fut alors convenu qu'on se réunirait, pour traiter de la paix générale à Munster et à Osnabruck. De 1641 à 1648, on s'occupa de réunir les passeports et les pouvoirs des plénipotentiaires, de les vérifier et d'arrêter les bases de la paix.

L'une des premières difficultés fut, comme toujours, une question de forme. L'empereur traiterait-il directement, ce qui impliquait la reconnaissance de droits sinon égaux du moins indépendants, avec les princes qui relevaient de lui? Il regardait comme au-dessous de sa dignité de traiter avec ceux qui, *au lieu de recourir à sa clémence, entendaient stipuler les armes à la main*. On s'avisa d'un moyen terme, et il fut décidé qu'il n'y aurait pas de traité distinct avec les princes, qui seraient compris comme alliés dans les contrats passés entre l'empereur et les rois de France et de Suède.

La négociation des intérêts des électeurs, des princes, Etats et vassaux de l'Empire, ne fut ni la moins longue ni la moins laborieuse. Il suffit de rappeler qu'il fallut stipuler à l'égard de tous, savoir : nous les citons dans l'ordre où ils avaient droit de séance dans les diètes, des électeurs de Trèves, de Mayence, de Cologne, du roi de Bohème, des électeurs de Bavière, de Saxe, de Brandebourg et Palatin, des ducs de Clèves et de Juliers, des évêques de Spire et de Worms, de Bamberg et de Wurtzbourg, de Strasbourg, de Bâle, d'Hildesheim, de Paderborn , de Munster, d'Osnabruck, des prélats princes de l'Empire, des prélats immédiats qui ne sont pas princes, des mère, frères et sœurs de l'électeur palatin, des ducs de Simmerem , de Neubourg, des Deux-Ponts, de Lautrec, d'Auguste de Saxe, archevêque de Magdebourg, du marquis de Brandebourg comme ci-devant administrateur de l'archevêché de Magdebourg, du marquis de Culembach et d'Anspach, des ducs de Brunswick et de Lunebourg, des ducs de Wirtemberg, des princes de Montbelliard, marquis de Bade, duc de Mecklembourg, landgrave de Hesse, duc de Holstein, prince d'Anhalt, duc de Croy, comtes de Weteravie, comtes de Nassau-Sarbruck, de Hanau, de Solms, d'Isembourg, des rhingraves, des comtes de Saus et Witgenstein, de Falkenstein, de Waldeck, de Linange et Daxbourg, de Flekenstein, d'Oberstein, de Suabe, d'Oetingen, de Franconie, de Hohenloe, de Lœwestein, d'Erlach, de Westphalie, de Nassau-Siegen, de Barbi, d'Oldembourg, comtes de Reinstein, de la noblesse immédiate, des Villes de l'Empire en général, des Villes Impériales, des Villes Impériales du Banc du Rhin et des Villes Impériales du Banc de Suabe, des Villes médiates, des Villes Hanséatiques.

Toute cette longue nomenclature indique bien le caractère et l'importance au point de vue allemand de ce *grand ouvrage*, comme l'appelle Voltaire, dont les négociations furent si difficiles et si longues. Il ne fallait rien moins que l'esprit si fin et si politique du cardinal Mazarin pour les mener à bonne fin.

L'Empire y gagna la paix avec tous les états qui re. levaient de lui, avec la France, avec la Suède, avec les Provinces-Unies ; il y gagna la restitution d'un grand nombre de villes et places conquises sur les états héréditaires pendant la guerre, des indemnités en argent pour les pays abandonnés, et, chose plus importante, l'hérédité dans la maison d'Autriche de la couronne de Bohème à laquelle avait été élu l'électeur palatin.

Le traité d'Augsbourg fut confirmé et la liberté religieuse étendue à tout l'Empire, sauf les Etats héréditaires. Il fut même convenu que ceux de la confession d'Augsbourg, qui avaient enlevé les biens des églises catholiques, seraient maintenus dans leur possession, pourvu que celle-ci fut antérieure à 1624. Cette concession empêcha S. S. le Pape de signer au traité dont il avait été le médiateur.

On conserva au duc de Bavière le haut Palatinat, et on restitua le bas Palatinat au fils de Frédéric V. On rendit aussi à ce dernier l'électorat dont avait été investi à son détriment le duc Maximilien, et, pour celui-ci, on en créa un huitième, érigé en faveur de la ligne palatine de Bavière nommée *Rodolphine*, avec cette condition que si cette ligne ou celle *Guillelmine* venait à manquer, ce huitième électorat serait supprimé. Cette question, avec celle de la couronne de Bohème, étaient les deux plus grosses de la négociation.

La succession de Clèves et de Juliers, au milieu des complications de la guerre, avait perdu beaucoup de son importance. Ni le traité d'Osnabruck, ni celui de Munster ne décida le litige. On se contenta de convenir qu'il serait, après la paix, terminé par un procès ordinaire devant Sa Majesté Impériale, ou par une amiable composition, ou par quelqu'autre moyen légitime. — Plus tard, les biens de cette succession furent partagés entre l'électeur de Brandebourg et le duc de Neubourg.

La situation de l'électeur de Brandebourg n'avait jamais été très nette au milieu de ses alliés. Si, d'une part, il se montrait plus ardent que tout autre à battre en brèche la puissance de la maison d'Autriche et à rompre le faisceau des divers états de l'Allemagne réunis sous le sceptre des Habsbourg, de l'autre, il aspirait à succéder seul aux duchés de Clèves et de Juliers au préjudice des maisons de Saxe et de Neubourg, et il visait de plus à reprendre à la Suède toute la Poméranie et l'île de Rugen. Il n'obtint de la reine Christine que la promesse d'une partie de la Poméranie ultérieure, et, pour le dédommagement du surplus, il se fit attribuer l'archevêché de Magdebourg, les évêchés d'Halberstat, de Minden et de Camin qui furent sécularisés. Il eut en outre les commanderies et les biens de l'ordre des chevaliers de Saint-Jean.

L'électeur de Trèves fut rétabli dans ses libertés et dans ses états. Les ducs de Saxe, de Mecklembourg, le marquis de Bade, le landgrave de Hesse furent indemnisés, et, pour subvenir à toutes les indemnités, on sécularisa des bénéfices.

D'une autre part, la Suède gagna la Poméranie citérieure, l'île de Rugen, Stettin, et une partie de la Poméranie ultérieure, les embouchures de l'Oder, Wismar, l'archevêché de Bremen et l'évêché de Ferden.

Les Provinces-Unies ou Pays-Bas furent reconnues indépendantes de l'Espagne, et les Cantons Helvétiques indépendants de l'Empire.

On ne pouvait demander à la France, dont les conquêtes et les victoires avaient déterminé la paix, et qui venait ainsi de ménager aussi loyalement que complétement les intérêts de tous ses alliés, de sacrifier ou même de négliger les siens. Dès le 7 Janvier 1646, dans les conférences préliminaires, les ministres de France avaient demandé la cession de la haute et basse Alsace, le Suntgau, Benfeld, Saverne, Brissac, le Brisgau et les villes forestières, avec les mêmes droits que ceux qui appartenaient à la maison d'Autriche. Ils parlaient aussi de demeurer en possession de Philipsbourg et de ses dépendances, en offrant de les reconnaître comme étant de l'Empire, pourvu que la France eût droit de séance et voix délibérative dans les diètes comme les autres princes et états de l'Empire. Tout d'abord, les ministres de l'empereur se récrièrent contre l'énormité de ces prétentions, qui ne tendaient à rien moins qu'à attenter au patrimoine sacré de la maison d'Autriche. Ils offraient de reconnaître la souveraineté de la France sur les trois évêchés Metz, Toul et Verdun, mais ne pouvaient aller au-delà.

Cette reconnaissance posthume d'un fait accompli depuis plus d'un siècle, implicitement accepté par le traité de Cateau-Cambrésis en 1559, et que nul n'avait contesté depuis, était une concession dérisoire et une compensation ridicule des sacrifices que s'était imposés la France dans l'intérêt de l'Allemagne. Toutefois, la princesse Claude de Médicis, veuve de l'archiduc d'Inspruck et tutrice d'enfants mineurs dans l'apanage desquels se trouvait l'Alsace, se plaignait amèrement de ce qu'on voulût dépouiller ses pupilles qui étaient restés étrangers à la guerre. Le duc de Bavière leva l'obstacle. Ce prince qui, à raison de son grand âge, désirait voir finir la guerre et ne pas laisser à des enfants encore jeunes des embarras au-dessus de leur expérience, qui d'ailleurs tenait à se ménager l'appui de la France pour la conservation de son électorat et du haut Palatinat, insista vivement près de l'empereur dont il n'avait cessé d'être le fidèle et le plus utile allié. Celui-ci céda. Il fut alors convenu que la France indemniserait les mineurs de l'archiduc d'Inspruck par une somme égale à la valeur de leurs revenus en Alsace. Comme l'empereur, dans l'intérêt de la chrétienté, se plaignait qu'on amoindrît ses forces et témoignait sa crainte de devenir impuissant à contenir les Turcs, le roi de France lui promit pendant trois années des subsides en hommes et en argent pour guerroyer contre les infidèles.

Il restait à décider si la France relèverait pour l'Alsace de l'Empire, et si elle aurait le droit de séance aux diètes. — Les princes protestants craignirent que, dans les questions religieuses, le roi ne penchât du côté des catholiques, l'empereur lui-même ne fut pas d'avis d'admettre un aussi puissant conseiller dans les affaires intimes de l'Empire. On proposa donc d'affranchir complétement les provinces cédées et de les placer irrévocablement sous la souveraineté de la couronne de France. Mazarin se garda de n'y pas consentir.

Voici, au surplus, la clause elle-même, telle qu'elle fut libellée dans le traité :

> « En troisième lieu, l'empereur, tant en son nom propre qu'en celui de toute la Sérénissime maison d'Autriche, comme aussi l'Empire, cèdent tous les droits, propriétés, domaines, possessions et juridictions qui jusques ici ont appartenu tant à lui qu'à l'Empire et à la famille d'Autriche sur la ville de Brisack, le Landgraviat de la haute et basse Alsace, le Suntgau et la préfecture provinciale des dix Villes Impériales situées dans l'Alsace, savoir: Haguenau, Colmar, Schelestadt, Weissembourg, Landau, Obérenheim, Rosheim, Munster au Val, St-Grégoire, Kaiserberg, Turingheim et tous les villages et autres droits qui dépendent de ladite préfecture, les transportent tous et chacun d'iceux

au Roi Très-Chrétien et au Roïaume de France en sorte que la ville de Brisack avec les villages d'Hochstat, Niederinsing, Hartem, Acharrem appartenant à la communauté de Brisack, avec tout l'ancien territoire et banage sans préjudice néanmoins de priviléges et immunitez accordés autrefois à ladite ville par la maison d'Austriche.

» Item ledit Landgraviat de l'une et l'autre Alsace et Suntgau, comme aussi la préfecture provinciale des dix villes nommées et leurs dépendances.

» Item tous les vassaux, sujets, hommes, villes, bourgs, châteaux, maisons, forteresses, forêts, taillis, minières d'or, d'argent et d'autres minéraux, rivières, ruisseaux, pâturages, en un mot, tous les droits, régales et appartenances, sans réserve aucune, appartiendront au Roi Très-Chrétien, et seront incorporés à perpétuité à la couronne de France, avec toute sorte de juridiction et souveraineté, sans que l'empereur, l'Empire, la maison d'Autriche ni aucun autre y puisse apporter aucune contradiction. De manière qu'aucun empereur, ni aucun prince de la maison d'Autriche, ne pourra ni ne devra jamais usurper, ni même prétendre à aucun droit et puissance sur lesdit[s] païs tant delà qu'au-au-deçà du Rhin.

» Le Roi Très-Chrétien sera toutefois

obligé de conserver en tous et chacun de ces païs la religion Catholique, comme elle y a été maintenue sous les princes d'Austriche, et d'en ôter toutes les nouveautés qui s'y sont glissées pendant la guerre . . . . . .

. . . .

» L'empereur, l'Empire et l'archiduc d'Inspruck, Ferdinand Charles respectivement, délient les ordres, magistrats, officiers et sujets desdites seigneuries et lieux, des serments qu'ils avaient prétez à la maison d'Austriche et les remettent à la sujétion et obéissance du Roi et du Roïaume de France, et par conséquent établissent la couronne de France en une pleine et juste souveraineté de toutes ces places, renonçant dès maintenant et à perpétuité aux droits et prétentions qu'ils y avaient. Ce que pour eux et pour leurs descendants l'empereur, ledit archiduc et son frère (à cause de ladite cession les regarde particulièrement), confirmeront par des lettres particulières, et feront aussi que le roi d'Espagne donne la même renonciation en düe et authentique forme. Ce qui se fera au nom de tout l'Empire, le même jour qu'on signera le présent traité. »

Par contre, le roi restituait à la maison d'Autriche les villes forestières *Rhinfeld, Seckingen, Lauffen-*

burg et *Waldhut,* avec tous leurs territoires, bailliages, etc., item le comté de *Hawexlein,* la Forêt-Noire, le haut et bas *Brisgau...,* item tout l'*Ortnaw* avec lés Villes Impériales d'*Offenburg, Gengenbach. Eelham* et *Hamerspach...*

« *Pareillement, le roi, pour compensation des choses à lui cédées, s'obligeait à payer* à l'archiduc Charles trois millions de livres tournois dans les trois années 1649, 1650 et 1651 le jour de la Saint-Jean.

Outre ladite somme, il s'obligeait de prendre à sa charge les deux tiers des dettes de la chambre d'*Ensisheim* sans distinction soit cédules ou hipothèques.

Les Villes Impériales et particulièrement Strasbourg, qui depuis longtemps s'étaient rendues indépendantes de l'un et l'autre Landgraviat, et qui s'administraient elles-mêmes par des juridictions spéciales et propres, firent quelque résistance au traité. Elles obtinrent une clause spéciale pour la conservation de leurs priviléges et de leurs libertés. Le roi *devait se contenter à leur égard des droits qui appartenaient à la maison d'Autriche.*

Tel est ce célèbre traité dont le chancelier de l'Allemagne du Nord poursuit en ce moment la révision, et qui fournit aux publicistes allemands le thème de récriminations si violentes contre Louis XIV et les iniques spoliations du *soi-disant Grand-Roi*. Louis XIV, il faut en convenir, né le 5 Septembre 1638 et âgé à ce moment de dix années, est bien innocent d'un acte accompli sous son règne, il est vrai, mais dont, en conscience, il serait par trop naïf de lui attribuer l'inspiration. On voit d'ailleurs par quels événements et complications divers, au milieu de quel concours d'intérêts, à la suite de quelles négociations et avec le consentement de quelles puissances, il a été discuté, arrêté, conclu et ratifié. Qu'on cite dans l'histoire des peuples un contrat politique qui ait été entouré de plus grandes garanties contre la surprise et l'abus de la force, et qui ait emprunté aux circonstances qui l'ont produit une plus grande autorité !

Convient-il de relever les expressions malséantes appliquées particulièrement au roi, nous disons au roi tout court, car ce titre seul, tel que le lui donnaient ses contemporains, suffit à sa gloire et à la nôtre. Toutes les familles souveraines du XVIIe siècle ne le désignaient pas autrement, et longtemps encore après lui, ce mot seul, sans désignation de pays ou de nationalité, servait à rappeler sa mémoire. Il a fallu l'esprit de dénigrement et de critique de ce qu'on appelle l'école moderne, pour faire appel du sentiment des contemporains et de l'arrêt de la postérité. Pouvons-nous, au surplus, nous plaindre du revirement qui s'est opéré dans l'opinion des historiens et des publicistes étrangers, alors que l'exemple est venu de la France elle-même. Qu'y a-t-il d'étrange à ce que nos plaisanteries sur le *Roi-Soleil* aient gagné l'esprit des rivaux de nos gloires que nous sommes les premiers à décrier. Il est sans doute fort estimable d'être le fils de ses œuvres, mais la justice rendue aux succès des efforts personnels va-t-elle jusqu'à cette sotte vanité de ne pas reconnaître de mérite antérieur et de tout dater de soi-même. Les peuples qui renient leurs ancêtres sont bien peu dignes d'avoir des descendants. Ce n'est pas aux beaux temps de la République de Rome qu'on eût entendu les Gracques, les Scipion, les Paul Emile médire de Numa ou de Romulus que l'on avait élevés au rang des dieux.

Assurément, malgré son incomparable grandeur, Louis XIV n'est pas à l'abri de toute critique. Personne n'a jamais contesté que son faste, ses dépenses, son amour exagéré de la gloire, ne fissent ombre à l'éclat de sa renommée. Mais le soleil lui-même, son emblême n'a-t-il pas des taches? Louis XIV a donné son nom à son siècle, et, de ses conquêtes, en fin de compte, il ne nous est resté que ce qui était bien à la France, reconstituée presqu'entièrement par les trois provinces qui en avaient été démembrées et qu'il nous a fait rendre. Les temps lui furent sans doute propices, puisqu'ils l'appelèrent à recueillir les fruits de la sagesse et de la politique de Henri IV et de Richelieu, mais par l'effet soit des circonstances seules, soit plutôt des circonstances et de son mérite, on a pu lui appliquer avec justesse ce que *Velleius Paterculus* dit du siècle d'Auguste :

« *Eminentia cujus qui operis arctissimis temporum claustris circumdata.*»

« Les chefs-d'œuvre en tous gens y sont contenus en quelques années :

Et loin d'être effacée par un tel cadre, la figure du Grand-Roi n'en resplendit que davantage.

L'excès de son amour des conquêtes et les rigueurs déployées contre les pays envahis, notamment celles ordonnées par Louvois dans la cruelle guerre du Palatinat, ces villages brûlés pour crime de résistance, ces paysans pendus pour cause de patriotisme, sont de tristes pages que nous voudrions pouvoir déchirer de l'histoire. Mais est-ce bien à qui nous les reproche de les imiter, et ne craint-on pas à son tour les justes représailles de l'impartiale postérité. A quoi servirait donc l'exemple des fautes passées, et les peuples seraient-ils fatalement voués à d'éternelles vengeances ! Çe sont donc de vains mots que ceux de civilisation et d'adoucissement des mœurs dont se vante notre siècle ! Oublie-t-on aussi les douloureuses expiations de la fin d'un règne, où le roi racheta par tant de grandeur de caractère et une si courageuse résignation les égarements de son orgueuil justement humilié ! Oublie-t-on l'horreur inspirée par nos excès à ces vaillantes populations qui ne sont demeurées, par le souvenir encore vivace de leurs souffrances, que plus attachées à l'Allemagne et à jamais perdues pour la France ! D'ailleurs est-ce bien aux panégyristes de la maison royale de Prusse de s'élever avec tant d'amertume contre l'esprit de conquête, alors que leurs héros ont donné sous ce rapport la preuve d'une si insatiable avidité, et

qu'aucune race au monde n'a jamais fondé, par l'habileté de sa politique et le succès de ses armes une
fortune aussi haute et aussi rapide !

Nous revenons au traité de Westphalie. — On n'a-
vait pu se mettre d'accord sur les différends qui divi-
saient la France et l'Espagne. La guerre persista entre
ces deux puissances, et faute de la renonciation du roi
d'Espagne à l'Alsace comme prince de la maison d'Autriche, on dut ajourner l'exécution complète du traité
jusqu'à la paix définitive. Celle-ci fut conclue le 16 Novembre 1659, dans l'île des Faisans, entre le cardinal
Mazarin et Louis Mendez de Haro.

Par l'article 61me, Sa Majesté catholique renonça,
*tant en son nom que pour ses hoirs, successeurs et
ayant cause, à tous les droits et prétentions qu'Elle
peut ou pourrait ci-après avoir sur la haute et basse
Alsace, le Suntgau, le comté de Ferrette, Brisac et
ses dépendances et sur tous les pays, places et droits
qui ont été délaissés et cédés à Sa Majesté Très-
Chrétienne par le traité de Munster...*

Dès lors, le roi, qui avait retenu les quatre villes
forestières et différé le paiement de trois millions, rendit les places et paya à l'instant même. Ce fut l'objet
d'un traité confirmatif passé à Paris entre lui et l'archiduc d'Inspruck Ferdinand Charles, le 16 Décembre
1660.

Depuis, toutes les conventions diplomatiques en Europe ont rappelé, pour en faire la base et le point de départ des nouvelles stipulations, la paix de Westphalie. On lit dans les traité de Nimègue du 5 Février 1679 :

Article II.

« Et comme la paix conclue le 24 Octobre de l'année 1648 doit faire le plus solide fondement de cette amitié réciproque et de la tranquillité publique, elle sera rétablie en sa première forme et vigueur en tous et chacun de ses points et demeurera à l'avenir en son entier, comme si le traité de la même paix estait ici inséré de mot à mot, si ce n'est en tant qu'il y sera expressément dérogé par le présent traité. »

Les articles III du traité de Ryswick du 30 Octobre 1697, et du traité de Radstatt du 6 Mars 1714 contiennent la même déclaration :

« La paix de Westphalie doit servir de base et de fondement à celle-cy, et sera pleinement exécutée tant pour le spirituel que pour le temporel et dorénavant fidèlement observée. »

L'article IV du premier de ces traités replace les choses telles que les avait établies la paix de Munster :

« En premier lieu, le roi restituera à

l'empereur tous les pays situés hors l'Alsace
et occupés par lui, pendant la guerre et par
voie de fait : *durante bello fet via acti*.»

L'article IV du traité de Radstatt oblige le roi à restituer toutes les places au-delà du Rhin tels que le
vieux Brisack, Freyburg dans le Brisgau, et à déman-
teler les forts sur la droite et dans les îles du Rhin,
ceux d'Huningue, de Kel, de Solingen, de l'Etoile, de
Saint-Pierre et de Saint-Louis, délimitant ainsi d'une
façon définitive nos frontières d'Alsace par le Rhin.

La bonne comme la mauvaise fortune de la France
n'y a rien changé depuis, tant on a compris que c'était
là le gage le plus certain du repos des peuples. En
1815, après nos désastres et malgré le *memorandum*
présenté au nom des princes de l'Allemagne par le
prince de Hardemberg, malgré l'opinion du ministre
des Pays-Bas, qui pensait qu'on userait de beaucoup
de modération en ne nous enlevant que l'Alsace, la
Lorraine, la Flandre et l'Artois, les puissances coalisées
et victorieuses ne nous retirèrent que Landau et la
rive gauche de la Lauter. L'obligation de démolir la
forteresse d'Huningue n'était que le rappel de l'un des
articles du traité de Radstatt.

Il n'est donc que juste de décharger la mémoire de
Louis XIV des prétendus torts qui lui sont imputés.
Il convient toutefois d'examiner le grief plus spécieux

d'avoir occupé Strasbourg en pleine paix et contrairement aux traités.

Dès les temps les plus reculés, Strasbourg avait été exempte de la juridiction des ducs et des comtes provinciaux. Elle relevait directement, sous les deux premières races, du roi lui-même. Elle garda son indépendance lors de la division de l'Empire entre les descendants de Charlemagne, et quand Othon-le-Grand la détacha avec l'Alsace des états de Charles de Lorraine, il la distingua des deux comtés ou Landgraviats pour en faire une ville Impériale. Elle conserva cette situation au milieu des agitations les plus diverses, et on peut dire qu'en 1648, s'administrant elle-même elle était réellement indépendante. Nous avons expliqué comment elle obtint alors d'être nommée expressément dans le traité de Munster et de demeurer libre sous le titre de Ville Impériale. Lors de la guerre de 1672, entre la France et la Hollande, à laquelle toute l'Allemagne ne tarda pas à se joindre, Strasbourg prit le parti de la neutralité et envoya au roi des ambassadeurs, qui en reçurent l'accueil le plus gracieux et s'en revinrent comblés de présents. Il intervint même entre eux à cette occasion un traité dans lequel le Préteur et le Sénat de la ville donnent à Louis XIV le titre de *dominus et Rex noster Clementissimus*. Nous voyons aussi ce prince, lors de la paix de Nimègue, stipuler pour le compte et dans l'intérêt de l'évêque de Strasbourg et du landgrave de Furstenberg. Charles Colbert, marquis de Croissy, et Antoine de Mesmes, comte d'Avaux, ministres plénipotentiaires de France, prirent soin en effet d'insérer dans le traité « que Sa Majesté Impériale consentait à ce que le prince François Egon, évêque de Strasbourg, et son frère le landgrave de Furstenberg, soient pleinement maintenus dans leurs droits. »

En 1680, le roi ayant établi à Brissac une chambre de réunion, ainsi appelée parce qu'elle était chargée de réunir au domaine les terres démembrées de l'Alsace, ce tribunal déclara que Strasbourg appartenait à la France. C'est alors que cette ville qui, depuis plus de trois cents ans, refusait de prêter le serment de fidélité à l'empereur, se donna au roi, disons mieux se rendit à la France. Ses préteurs, consuls et magistrats proposèrent un traité composé de dix articles au marquis de Louvois et au baron de Montclar, qui l'accordèrent au nom du roi le 10 Septembre 1681, à Illikirch. En voici les deux premiers articles :

I

« La ville de Strasbourg, à l'exemple de Monseigneur l'évêque de Strasbourg, le comte de Hanau, seigneur de Flékenstein, et de la noblesse de la basse Alsace, reconnaît Sa Majesté Très-Chrétienne pour son souverain seigneur et protecteur.

II

« Sa Majesté confirmera tous les anciens
priviléges, droits, statuts et coutumes de la
ville de Strasbourg, tant ecclésiastiques que
politiques, conformément au traité de Westphalie confirmé par celui de Nimègue. »

Le même jour, 10 Septembre, les troupes françaises
entrèrent dans la ville, et le roi à son tour y fit son
entrée solennelle le 23 Octobre suivant. Il fut reçu à la
porte des Bouchers par le corps des magistrats, à celle
de la cathédrale par l'évêque, comte de Ferstentein, et
salué par les acclamations de la population tout entière.

On était, il est vrai, alors en pleine paix, mais Strasbourg, qui avait depuis longtemps la prétention de
s'appartenir, faisait acte d'indépendance et de souveraineté en reprenant sa nationalité.

L'Empire y acquiesça peu de temps après. L'article XVI du traité de Ryswick de 1697 porte :

« Pour plus solidement établir la paix, il
a esté trouvé bon de faire de part et d'autre
l'échange de quelques places. Sa Sacrée Majesté Impériale et l'Empire cèdent à Sa Sacrée
Majesté Très-Chrétienne et à ses successeurs
dans le royaume, la ville de Strasbourg et tout
ce qui en dépend à la gauche du Rhin. . . .
en sorte que ladite ville . . . appartiendra

désormais à perpétuité au roi Très-Chrétien
et à ses successeurs, et soit censée incorporée
à la couronne de France. . . . . »

En échange et en équivalent, dit le traité, Sa Majesté Très-Chrétienne remettait à Sa Majesté Impériale
et à l'Empire le fort de Kel . . . la ville et le château
de Fribourg (Freyburg), le fort Saint - Pierre, les
villages de Lehn, de Metzhausen, de Qerchzart . . .
etc. (Article XVIIIᵉ et XIXᵉ du traité.)

La ville de Strasbourg fut donc entièrement et à tous
égard détachée des faibles liens qui la reliaient à
l'Empire et réunie à la couronne de France. Depuis,
les priviléges, franchises et libertés de Strasbourg
lui furent confirmés par Louis XIV en 1692, par
Louis XV en 1716, et la ville les garda jusqu'en 1789,
où le décret de l'Assemblée nationale la fit entrer dans
le droit commun.

Après Strasbourg, la ville la plus importante de toute
l'Alsace est Mulhouse. Elle comprend près de 60,000
habitants et placée sur l'Ill et le canal du Rhône au
Rhin, entre ce dernier fleuve à l'Est et les Vosges à
l'Ouest, elle occupe une situation admirable et a pris
dans ces derniers temps un développement considérable.— A quel titre l'Allemagne nous ravirait-elle cette
place. Longtemps disputée par les évêques de Strasbourg
et les landgraves d'Alsace, elle parvint à s'affranchir dès
le XVᵉ siècle. Liguée aux cantons suisses, elle ré-

sista à Charles-le-Téméraire, et forma jusqu'à la Révolution française une petite république qui resta neu-
tre dans toutes les guerres des XVI⁰ et XVII⁰ siècle.
Elle ne fut réunie à la France qu'en l'an IV de la
République.

Nous avons dit les droits et les titres de la France,
où sont ceux de l'Allemagne?

Est-ce dans les temps anciens ? — L'Alsace, terre
de la Gaule, est habitée par les Celtes et non par les
Germains.

Est-ce au moment de la régénération de la vieille
Europe par l'infusion du sang barbare ? — Les Huns
n'y font que passer, et de toutes les peuplades germaniques les Francs seuls s'y établirent et en composèrent
avec les autres provinces le royaume de France.

Le dernier des fils de Charlemagne l'inclina, il est vrai,
sous le vasselage de l'Empire et celui-ci la garda six
cents ans, mais au milieu de quelles compétitions et au
prix de quels sacrifices ! Ce n'est plus qu'un champ
de désolation et de carnage. L'arbre de la féodalité
transplanté des forêts teutoniques y pousse de vigoureux rameaux. Le sol est hérissé de forterésses et les
peuples s'y donnent rendez-vous pour y vider leurs
querelles, jusqu'à ce que du conflit des races et du choc
des nationalités se dégage enfin l'Europe moderne. La
fille des Gaulois et des Francs rentre alors, comme
l'enfant prodigue, au foyer paternel. Vouloir l'en sépa-

rer et défaire l'œuvre si péniblement accomplie du temps, c'est rouvrir la lice des combats, et évoquer pour les faire renaître le souvenir des luttes et des déchirements du Moyen-Age.

Il s'est rencontré au point culminant qui soude le siècle précédent au nôtre, un aventurier de génie qui s'acharna à bouleverser l'Europe telle qu'elle était sortie du travail des siècles, et qui rêva de reconstituer l'empire de Charlemagne. Il ne disait pas ténir sa mission de Dieu. Il ne connaissait pas Dieu et méprisait les hommes. Il ne procédait que de lui seul. Ralliant toutes les forces vives d'une nation généreuse et brave, effarée au milieu des désordres d'une révolution sans exemple, ivre à la fois de joie et de remords, cherchant à s'oublier elle-même, et prête à tout entreprendre, pourvu qu'elle fût étourdie, il parcourut avec elle le monde, disposant des peuples et des territoires à sa guise, insultant les femmes, souffletant les prêtres, et refaisant au caprice d'une ambition dont l'excès éblouit les peuples, le travail de fusion des races et de constitution des empires. On sait quel a été le châtiment. La France a expié assez cher cette saturnale d'orgueil et de tyrannie, elle l'expie en ce moment encore. Non, il n'appartient plus aux pasteurs des peuples et aux chefs des nations de disposer des uns et des autres sans leur aveu. Le temps des conquêtes est passé. Malheur tôt ou tard à qui l'oublierait!

Il ne s'agirait pas ici de conquête, parce que l'Alsace a dépendu de l'Allemagne ? Et qu'importe, si l'Allemagne a reconnu qu'elle ne pouvait la retenir et si elle l'a librement rendue.

Elle a appartenu à l'Allemagne ! Non, dites pour être plus exact qu'elle a appartenu, ce qui est bien différent, à l'une des maisons puissantes de l'Allemagne, qu'elle a fait partie des états héréditaires d'une famille, alors que les provinces appartenaient à des familles. Et cette famille, qui est-elle ? Qui se porte ici le redresseur de ses torts et se fait le champion de ses revendications ?

Au VIIe siècle, sous les rois Francs et sous leur suzeraineté, vivait un seigneur du nom d'*Etichon*, Germain d'origine et duc d'Alsace. Trois cents ans plus tard un de ses descendants, Gontran-le-Riche était comte bénéficiaire du Suntgaw, et possesseur de nombreux fiefs dans le Brisgaw et l'Argaw ; son petit-fils *Verner* fut comte de Habsbourg. *Othon* devint ensuite comte héréditaire de la haute Alsace et *Albert-le-Riche* en fut le premier landgrave. *Rodolphe l'Ancien* fils d'Albert, étendit ses possessions en Suisse, et fut nommé avoué d'Uri, de Schwitz et d'Unterwalden. Moins d'un siècle en suivant, un autre *Rodolphe*, au retour d'une expédition heureuse contre les Prussiens idolâtres où il servait sous les ordres du roi de Bohême, Premislas Ottocar, se fit reconnaître pour patron des villes de Strasbourg, Lauffenbourg et Zurich, et bientôt après il couvrait son chef de la couronne impériale.

Avec lui s'assit sur le trône d'Allemagne le premier des comtes de Habsbourg et le fondateur de la maison d'Autriche. On sait quels états, quelles provinces, quels domaines réunit dans sa main cette puissante famille ; et s'il s'agissait aujourd'hui de restituer l'héritage de Maximilien et de Charles-Quint, ce ne pourrait être qu'au vaincu et non au vainqueur de Sadowa.

Ce n'est plus l'Alsace, ce n'est plus la Lorraine seule qu'il faudrait alors rendre à la maison d'Autriche !

La fille de Charles-le-Téméraire dernier héritier de Philippe-le-Hardi qui avait reçu du roi Jean, son père, le duché de Bourgogne en apanage, épousa l'empereur Maximilien. Celui-ci et ses descendants se qualifièrent longtemps de duc de Bourgogne. Louis XI réunit la Bourgogne à la couronne, mais la Franche-Comté demeura à Marie de Bourgogne. Marie eut de son mariage avec Maximilien une fille nommée Marguerite, qui fut fiancée à Charles VIII et qui devait apporter la Franche-Comté en dot. Le mariage n'eut pas lieu, et la Franche-Comté revint à Philippe-le-Beau, frère de Marguerite. Philippe la transmit à Charles-Quint son fils, et cette province ne nous fit retour qu'à la paix de Nimègue.

Faut-il rendre la Bourgogne et la Franche-Comté ?

Ferdinand d'Aragon, en guerre contre Louis XII, s'empara en 1512 de la Navarre sur Jean d'Albret,

allié du roi de France, et s'en prétendit légitime propriétaire en vertu d'une bulle du pape Jules II, qui
donnait au premier occupant les états du roi qu'il avait
excommunié et ceux de ses alliés. Charles-Quint,
successeur de Ferdinand, prit le titre de roi de Navarre.

Faut-il rendre la Navarre ?

L'Artois avait servi d'apanage à Robert, frère de
Saint Louis. Vers 1382 ce comté réuni à la Flandre
entra dans la maison de Bourgogne, et après la mort
de Charles-le-Téméraire, Marie, sa fille, par son mariage
avec Maximilien le porta dans la maison d'Autriche.
Les victoires du grand Condé nous la rendirent.

Faut-il déchirer encore sur ce point les traités des
Pyrénées et de Nimègue.

Où s'arrêter dans une pareille voie? L'empereur,
semper Augustus, n'était-il pas empereur des Romains
en même temps que de Germanie, il était duc de Brabant et de Luxembourg, comte du Tyrol.... les deux
tiers du monde entier n'auraient plus qu'à se soumettre.

Si les traités signés par elle, obligent la maison d'Autriche, en serait-il autrement pour les princes qui ont
concouru à les lui imposer ? C'est à ces traités qu'ils
doivent leur propre indépendance et celle de leurs possessions en Allemagne ! De François Ier au traité de

Westphalie, dans les luttes engagées contre la maison d'Autriche, la France n'a jamais eu qu'un intérêt secondaire. Les princes d'Allemagne voulaient s'affranchir, et le roi de France leur prêtait aide et assistance. Il n'est pas un seul des généraux de cette formidable armée couvrant la France de ruines en ce moment, qui ne pût retrouver ses ancêtres parmi ceux qui nous ont fait reconquérir la Lorraine et l'Alsace. Du seul traité de Hall en Janvier 1610, passé entre Henri IV et Jean Sigismond, électeur de Brandebourg, jusqu'à la paix de Ryswick, en 1697, on peut compter onze traités qui unissent les prédécesseurs du roi de Prusse actuel à la France, dans le but d'amoindrir l'empire d'Allemagne. Combien n'en compterait-on pas, si on relevait ceux passés avec les électeurs de Bavière, les ducs de Mecklembourg, de Nassau, de Bade et de Hesse. Le comte de Hohenloe lui-même, qui administre en ce moment la Champagne au nom des armées allemandes, trouverait, s'il est de l'ancienne famille princière de ce nom, l'un de ses parents parmi les alliés de la France. Jules Wolfgranz, comte de Hohenloe, recevait le 30 Janvier 1655 du sieur de Gravel, au nom du roi Louis XIV, le brevet de lieutenant-général des armées confédérées du roi et de la légion du Rhin.

Veut-on décidément adhirer les traités comme entachés de fraude ou de violence ? La justice exige alors qu'aucune page n'en subsiste ; et qui perdrait le plus de celui qui les attaque ou de celui qui les défend ?

On a beau retourner les arguments en tous les sens,
au bout de chacun il ne reste que le droit de la force
ou la raison du plus fort.

Il a été question au sujet de la Lorraine de la communauté d'idiome et de la similitude de langage. Dans
les grands centres de l'Alsace on parle français, dans
les montagnes on retrouve le patois lorrain, mais dans
la partie orientale c'est la langue allemande qui domine.
Il n'est pas contestable non plus que la plupart des
noms de pays et de familles soient des vocables allemands. Il n'en saurait être différemment dans un pays
frontière, et qui, de plus, a dépendu pendant plusieurs
siècles de l'Allemagne. Mais quelle raison en tirer pour
disposer des populations malgré elles, et détruire
ce que les traités sur lesquels repose la constitution de
l'Europe ont reconnu comme étant le droit naturel et
politique des diverses puissances, et ce que le temps a
consacré !

On invoque aussi la consanguinité. — A quelle époque
entend-on remonter ? Ce ne peut être ni aux âges drui-
diques ni aux temps de l'occupation romaine. Si c'est
à l'invasion germanique que l'Allemagne rattache ses
prétentions, les nôtres ne le cédent en rien aux siennes.
Qui ne sait que les peuples de la Germanie, débordés
dans la plus grande partie de l'Europe, y ont creusé
leur lit et se sont mélangés partout aux peuples primi-

tifs. L'Allemagne réclame comme sien le glorieux fils de Pépin-le-Bref, que ne revendique-t-elle son héritage entier! — Rien ne l'empêcherait de nous disputer aussi l'auteur des Capétiens et toute sa vaillante lignée. *Robert-le-Fort*, germain d'origine, issu comme Charlemagne d'Arnoul de Metz, avait épousé Judith, la fille du roi saxon Witikind. C'est de Saxe que Charles-le-Chauve le fit venir avec ses *leudes* pour repousser les Normands ; son arrière-petit-fils, Hugues-Capet, eut pour mère une fille de Henri l'Oiseleur, et la sœur du grand Othon qui nous avait ravi l'Alsace.

Laissons ces vaines disputes aux érudits de l'Allemagne et de la France et permettons, nonobstant, aux peuples de garder leur nationalité. Il en est des origines comme des apanages, des dots, des droits successifs qui ont armé pendant trop longtemps les peuples les uns contre les autres pour l'intérêt et l'orgueil de leurs chefs. Est-il bien utile, quand, après plus de dix siècles de déchirements et de luttes, les peuples troublés comme l'eau des torrents après l'orage, sont enfin rentrés dans leur lit naturel et ont recouvré la sérénité de leur cours, de les agiter encore ! Convient-il, pour la recomposer de nouveau suivant l'ambition de quelques-uns, de déchirer la carte de l'Europe !

A entendre les excitations patriotiques de certaines publications d'Outre-Rhin, qui, malheureusement pour la justification de la politique Allemande, datent de plusieurs années avant cette guerre à jamais néfaste, il s'agirait de haines héréditaires, d'antagonisme de races. Bien plus, les Latins vaincus, comme les Romains du bas-empire par les raffinements d'une civilisation trop avancée, amollis par l'influence des arts, et pénétrés de la chaleur corruptrice du soleil méridional, devraient laisser la place aux fortes races du Nord et remettre à leurs bras vigoureux le flambeau de la civilisation. A qui s'adresse, et qui ose tenir un pareil langage ! Eh quoi ! les bataillons serrés et disciplinés qui se sont levés au nom de la patrie menacée, obéiraient à une voix mystérieuse et divine, et seraient prêts à quitter leur patrie pour rajeunir la nôtre ? Faites sortir vos soldats des rangs muets où les retiennent le sentiment du devoir et la loi de l'obéissance, et demandez-leur s'ils sont d'avis de continuer cette guerre épouvantable, et s'ils ne préféreraient pas regagner leurs foyers abandonnés, leurs champs sans culture, leurs femmes et leurs enfants laissés aux hasards comme aux angoisses de l'absence. Qu'ont-ils besoin de rompre des digues et de forcer des frontières pour conquérir leur place au soleil des nations voisines? L'ancien comme le nouveau monde n'est-il pas ouvert aux migrations fréquentes de la prolifique Allemagne ? La France, plus que tout autre contrée, ne leur est-elle pas une terre hospitalière ? Nos campagnes, nos villes sont peuplées d'Allemands. Ils se fixent chaque jour au milieu de nous, sans qu'il leur faille acheter leur droit

de bourgeoisie au prix de nos richesses et de notre
sang. Nous partagions avec eux en frères, sans envie,
sans réserve. Leur constance dans le travail, leur opiniâtreté et certains dons inhérents à leur nature, com-
plétaient ce qui manquait à nos qualités plus brillantes ;
aussi leur concours était-il apprécié. Accueillis partout,
ils donnaient l'exemple d'une fortune rapidement
acquise. Croit-on que la pensée ambitieuse et pré-
voyante qui, longtemps à l'avance, a fait forger
ces murailles roulantes d'artillerie décimant nos
légions surprises et inexercées, qui a fait fondre
ces engins de fer et de feu, incendiant nos demeures,
immolant des familles inoffensives, ébranlant nos
églises et détruisant nos monuments, facilitera
beaucoup dans l'avenir le libre accès des Allemands
dans ces pays où ils venaient hier encore moissonner
les honneurs et les richesses !

Assurément nos malheurs sont l'expiation de nos
fautes. Dieu veuille que nos enfants, (car ce ne sont
jamais ceux qui souffrent, qui croient mériter souffrir),
Dieu veuille que nos enfants comprennent d'où pro-
cèdent nos erreurs Il leur sera facile, en se rendant
compte de la force de nos ennemis de s'apercevoir des
causes de notre faiblesse. Mais ces fautes et cette faiblesse, en expliquant la victoire, ne sauraient en légiti-
mer l'abus. Nous aussi, nous nous sommes vantés d'être
les initiateurs d'une mission civilisatrice. Il y a moins

d'un siècle nous parcourrions l'Europe en vainqueurs, invoquant non pas le nom de Dieu (ce nom tout-puissant qui rappelle nécessairement la fragilité de l'homme déplait à notre orgueil),mais celui de la liberté et de la raison humaine. Nous avions · déclaré les droits de l'homme et nous prétendions à la pointe de nos bayonnettes faire pénétrer dans l'esprit des peuples vaincus les immortels principes de la Révolution française et de l'émancipation des peuples. Que nous en est-il resté ?

Ecartez donc ces sophismes, et renoncez à frelater l'histoire pour vernir d'un semblant de justice ce que le droit de la force pourra seul expliquer à la postérité.

Le principe des nationalités dont nous avons fait une si intelligente application en Italie et que vous invoquez à votre tour, n'a que faire non plus ici. N'est-il pas d'ailleurs étrange de l'entendre prôner par ceux qui ont proposé d'anéantir la Pologne et s'en sont partagé les lambeaux ?

La sincérité des sympathies ethnologiques et de l'amour ineffable de l'Allemagne pour ses frères de l'Alsace ne s'est que trop manifestée aussi par les témoignages que vient d'en recevoir cette malheureuse province. Belfort peut en parler en ce moment.

Rien ne fera donc que la française Alsace ne soit pas française. Il en sera d'elle comme de la Lorraine, et si elle doit nous être enlevée, c'est que *la force primera le droit.*

IV

ÉPILOGUE

Dès qu'il ne s'agit plus que de conquête, la parole est aux hommes d'épée et c'est au canon qu'il appartient de décider.

Si cependant l'enivrement du succès ne fait pas perdre au vainqueur tout sentiment de générosité et lui laisse après la victoire quelque chose de la rare prévoyance qui la lui fait obtenir, dans ce cas il nous reste encore quelque chose à dire.

Nous supposons que le succès ait persisté à favoriser les armées allemandes ; — dans cette hypothèse, M. le chancelier de l'Allemagne du Nord peut user et abuser de la victoire. A-t-il intérêt à le faire ?

— Strasbourg et Metz, dit-on, sont des portes ouvertes sur l'Allemagne. Leurs forteresses sont des me-
naces permanentes contre son repos.

A moins de faire de toutes les nations qui se parta-
gent l'ancien continent une seule et même nation, ou de
placer entr'elles un mur d'airain infranchissable et à
l'épreuve des engins de destruction inventés par la science
moderne, il n'y a pas de peuple en Europe qui ne puisse
reprocher à ses voisins d'avoir une porte ouverte sur
son territoire. Il est peu de barrière toutefois qui vaille
le Rhin, séparant Strasbourg de Kehl, et peu de distance
plus tutélaire que celle qui éloigne Metz et Thionville
de la Prusse Rhénane.

Si les forteresses sont une menace, et l'artillerie
prussienne vient de démontrer combien elle était vaine,
pourquoi ne pas tolérer chez les autres ce qu'on pra-
tique chez soi-même ? La démolition des forteresses
suffirait d'ailleurs à calmer ces appréhensions d'un autre
âge, si elles pouvaient être sincères.

— Vous vous révoltez, ajoute-t-on, à l'idée d'une
cession de territoire, mais n'est-ce pas la conséquence
ordinaire de toutes les guerres ? La France n'en a-t-
elle pas donné un exemple récent par l'annexion de
Nice et de la Savoie ?

Lorsqu'un conflit s'engage entre deux peuples ou deux
souverains pour la revendication d'une province, cette

province devient l'enjeu des combats et le succès l'adjuge au vainqueur. Rien n'est plus naturel, en effet. Mais tel n'est pas et tel n'a jamais été le caractère de la guerre actuelle. La Prusse ni l'Allemagne n'ont jamais revendiqué l'Alsace et la Lorraine, qu'elles savent et qu'elles ont reconnu être Françaises. Ces provinces n'ont été pour rien dans la querelle. Si, au début, M. le chancelier de l'Allemagne du Nord eut élevé la prétention qu'il soulève en ce moment, il eut indigné contre lui l'Europe tout entière. Or, aujourd'hui la question se pose tout différemment :

La Prusse qui a repoussé victorieusement une agression qu'elle déclare injuste, a-t-elle intérêt à nous enlever ces deux provinces, en tout ou en partie, alors qu'elles ne lui appartiennent pas, et qu'elles n'eussent jamais été convoitées par elle sans cette agression ?

L'intérêt de la Prusse est moins de s'agrandir que de nous affaiblir ; y parviendrait-elle certainement de cette façon ? Et le résultat obtenu et dans la mesure où il le sera, compensera-t-il les inconvénients qu'entraîne toujours avec elle une injustice? Prendre ce qui ne vous appartient pas et ce qu'on a reconnu appartenir à autrui, violenter des populations et disposer d'elles contre leur gré, attenter à la nationalité d'un pays ! N'y a-t-il pas là le germe de complications dans l'avenir, dont l'esprit clairvoyant de M. le Chancelier peut mieux que tout autre mesurer la portée. — La France sera tellement affaiblie, que l'Allemagne aura le temps de s'assimiler les populations avant qu'il puisse être tenté aucun effort pour les reprendre ? — Vain espoir ! et qui ne peut tromper que des esprits superficiels. Du Xe au XVIIe siècle, l'Alsace à été reliée à l'Empire. Il ne s'est pas passé vingt années de suite sans que la guerre n'ait désolé cette contrée, et sept siécles de domination étrangère n'ont pu empêcher qu'elle reprît un jour sa nationalité. A moins de faire de la France une nouvelle Pologne, je ne vois dans cette annexion violente aucune sécurité pour l'Allemagne ; et si c'est le calme qu'elle désire, je crains bien, pour nous comme pour elle, qu'elle ne récolte que tempête.

— Nous avons annexé Nice et la Savoie ?

Assurément il a pu paraître étrange que les champions du principe des nationalités en Italie acceptassent la cession de Nice, qui est un pays italien. Mais en quoi cette contradiction justifierait-elle des actes semblables à ceux qu'on se croit le droit de nous reprocher ? Combien d'ailleurs les situations se ressemblent peu ! Le roi Victor-Emmanuel n'était ni notre ennemi, ni notre vaincu. Nous ne lui avons rien pris. En nous cédant Nice et la Savoie, il s'acquittait librement envers nous. Le Milanais, le grand-duché de Toscane, les duchés de Parme et de Plaisance, une partie des états du Saint-Siége, l'assurance du royaume de Naples, l'expectative de la Vénétie et de Rome elle-même, valaient bien les quelques montagnes pittoresques

mais improductives de la Savoie, et les citronniers de
la vallée de Nice. Les populations consultées ont d'ailleurs déclaré consentir à devenir françaises, et encore
bien que l'on se soit vanté ironiquement de faire voter
la Lorraine et l'Alsace, pourvu que nous voulussions
prêter à la Prusse les préfets à l'usage de l'Empire, il
est douteux que M. le comte de Bismarck croie devoir
recourir jamais à une pareille expérience, à moins de
faire faire la haie à ses bataillons disciplinés sur le
chemin qui mènerait à la salle du scrutin. — En allant
racheter les serments de l'ancien carbonaro et conju-
rer le retour de nouvelles bombes Orsiniennes, Louis
Napoléon a chargé les canons de Sadowa et assuré la
prédominance de la Prusse en Allemagne. N'est-ce
pas suffisant, et faut-il encore que cette politique insen-
sée serve d'excuse ou de prétexte à notre spoliation !

— Victorieux, poursuit-on, vous n'eussiez pas hésité
à vous emparer des provinces rhénanes, de ce que vous
appelez toujours vos frontières naturelles. Trouvez bon
qu'on vous traite comme vous auriez traité les autres.

L'argument pour être spécieux n'en est pas plus dé-
cisif. Je ne sais ce qu'eût fait Louis Napoléon vainqueur, et j'incline à penser, en tenant compte des
errements de sa politique, qu'il n'aurait pas su se
mettre en garde contre les entraînements du succès. Je
ne fais nulle difficulté pour confesser que beaucoup
d'esprits en France partageaient ses aspirations et
auraient applaudi à cette dangereuse conquête. Est-ce

à dire que la Prusse se doive montrer aussi peu clair-voyante que l'eût été la France 'à sa place ? Les populations du Palatinat, de la Prusse et de la Bavière Rhénane ne sont pas plus désireuses de devenir Fran-çaises que l'Alsace et la Lorraine de devenir Alle-mandes. Si les rôles eussent été changés, on eut pu nous dire ce que je me permets de penser. La diploma-tie et la politique françaises eussent attiré à leur pays, en cédant à cette séduisante tentation, des représailles à courte échéance. A moins d'être destinés à périr, les peuples ne peuvent tolérer longtemps de pareilles vio-lations de la justice et de tels abus de la force. Que les fautes que préméditaient nos imprudents gouver-nants ne servent pas d'excuse à celles que l'on vou-drait commettre. — La peine du talion nous ramène à la barbarie.

— C'est très-bien, reprend-on, mais en ce moment puisque cela nous est possible, il nous convient de prendre des gages pour l'avenir et de placer la France dans l'impossibilité de revenir à de pareilles entre-prises. Aussi bien est-elle un sujet de discorde et de trouble pour l'Europe entière ; ses doctrines agitent tous les peuples, ébranlent tous les trônes. En renversant les hiérarchies tutélaires de l'ordre, elles sapent les fondements de toute société régulièrement organisée et compromettent la paix du monde. Ces prétentions à une légitime prépotence resassées par ses gazettes, ses publicistes et ses orateurs, son ambition de tout régénérer et d'éclairer seule la route, du progrès sont attentatoires depuis trop longtemps à la dignité des autres peuples. Sa turbulence, sa légéreté et sa soif de conquêtes n'ont que trop agité le monde. Il est temps de mettre un frein a tant de présomption et d'arrogance.

Si les idées de la France moderne ont pour elles la vérité et si elles sont la sauvegarde en même temps que la messagère du véritable progrès, ce n'est pas parce que la France aura été plus flagellée, que ces idées seront moins redoutables. L'Allemagne au XVIᵉ siècle n'a pas été exempte de l'agitation qu'on nous reproche. C'est de son sein que sont parties les idées de réforme. Elle a appris au monde que ce n'est pas en comprimant les idées qu'on peut les empêcher d'éclater. Comme la vapeur, celles-ci puisent dans les efforts qu'on leur oppose leur plus grande force d'expansion. S'il est vrai que, pour le bien de l'humanité, les trônes et les souverains doivent disparaître et que les peuples soient assez éclairés et assez sages pour se gouverner eux-mêmes, la Prusse, en accablant la France par cette force matérielle si savamment combinée qui l'étreint en ce moment, ne sauvera ni les souverains ni les trônes. Mais ou je me trompe fort, ou telle n'est pas l'opinion de M. le chancelier de l'Allemagne du Nord ; et si son esprit éclairé discerne, comme cela n'est pas douteux, dans les idées nouvelles ce qui est l'ivraie et ce qui est le bon grain, il peut se reposer en paix sur le bon sens d'un peuple moins impressionnable et plus réfléchi que celui de France. Pour lui les conditions d'existence des sociétés modernes, d'accord avec les exigences légitimes d'un progrès raisonnable, ne demandent ni la suppression de toute hiérarchie, ni la destruction de toute autorité. Qui sait obéir est digne de commander, et sous ce rapport, la France a plus à apprendre de l'Allemagne que l'Allemagne n'a à craindre de la France.

— Il ne reste plus à nous disculper que de cette soif de conquêtes qu'on nous reproche, et de l'accroissement dangereux de la puissance de la France. Quelque pénible que soit à cet égard notre réponse, quoiqu'il en doive coûter à notre patriotisme, il convient de ne rien céler de nos misères, et c'est plus pour nous-mêmes que pour l'Europe qui sait à quoi s'en tenir, qu'il peut être utile de démontrer que le danger n'est pas là, où le place fort habilement M le chancelier de l'Allemagne du Nord.

Le grand Frédéric disait : « Si j'étais le roi de France, il ne se tirerait pas un coup de canon en Europe sans ma permission. » La France avait en effet atteint à ce moment son apogée. Louis XIV, malgré les revers de la fin de son règne, l'avait laissée prédominante en Europe, moins par l'étendue que par l'homogénité de son territoire, et surtout par l'éclat qu'avaient jeté sur les lettres, les arts et les sciences, les génies sublimes produits par le grand siècle. La supériorité acquise au début par les armes avait fait place à celle des talents et de l'esprit. La France était vraiment reine de l'opinion dans le monde. L'Alsace, la Franche-Comté, la Flandre française, Metz, Toul et Verdun, le Roussillon, l'Artois avaient fait retour à la couronne, et l'élévation au trône d'Espagne, d'un prince de la maison de France, sans rompre l'équilibre européen, en avait reporté la base de Vienne à Versailles! Le traité de 1763, qui mit fin à la guerre de Sept ans, nous fit perdre sous Louis XV une partie de nos colonies, l'Acadie, le Canada et le cap Breton, une partie de nos acquisitions sur la côte de Coromandel ; mais la Lorraine nous rentra, et la Corse, qui nous devait être si funeste, fut achetée. Tout ce qui était réellement français de caractère, de mœurs, de sol, constituait la mère-patrie. Nos colonies étaient encore nombreuses. Nous possédions :

Sur la côte d'Espagne, l'île de Minorque.

En Afrique, le Sénégal perdu en 1763 mais recouvré en 1779 et 1783, l'île de Gorée conquise en 1677 près du Cap-Vert, Madagascar, l'île Bourbon et l'Ile-de-France.

En Asie, les côtes de l'Inde, du cap Commorin jusqu'aux bouches du Gange.

En Amérique, la Louisiane, les bords de l'Ohio et du Mississipi. Nous avions perdu une partie des Antilles en 1763, St-Vincent, Tabago, la Dominique, la

Grenade, mais les autres nous restaient avec St-Domingue et la Guyane française.

Que nous reste-t-il de toutes ces possessions? Du Canada à la Louisiane, dans les golfes du Mexique et de St-Laurent, de la plupart de nos Antilles, des côtes de l'Inde et de l'Afrique, sauf quelques comptoirs isolés, il ne nous reste rien. Minorque est perdue comme le reste. Nos places fortes démantelées, et nos frontières réduites vers l'Allemagne, ont échancré le sol même de la patrie. Ce n'est pas l'Algérie, et encore moins la Savoie et Nice qui compensent de telle pertes.

Qu'est devenue ensuite notre influence? Après la brillante épopée du Consulat et de l'Empire, qui a montré que les soldats français bien conduits n'avaient pas dégénéré, mais qui ne nous a légué que hontes et ruines, nous avions cessé d'être admis dans les conseils de l'Europe, et le territoire envahi à deux reprises subissait les représailles des puissances coalisées. La France épuisée se releva pendant la Restauration ; malgré les indemnités de guerre et le rachat des biens des émigrés, les finances, grâce à l'honnêteté qui les dirigeait, se rétablirent. Nous reprîmes notre place au congrès d'Aix-la-Chapelle. Malgré l'Angleterre nous rétablîmes la politique de Louis XIV en Espagne. Notre pavillon eut sa part de gloire dans la bataille de Navarin ; et la conquête d'Alger, en vengeant les querelles de toutes les puissances de l'Europe contre ce repaire de pirates auquel on s'était heurté si souvent, nous replaça dans la voie de la politique traditionnelle et du rôle chevaleresque de la France. Les documents diplomatiques de l'époque démontrent d'un autre côté que nous étions devenus les arbitres de cette question d'Orient qui se traite sans nous en ce moment à Londres, dans des conférences où nous ne pouvons prendre place sans un *exeat* de M. le comte de Bismarck.

Nos dissensions intestines vinrent arrêter ce progrès. Le pouvoir issu de la Révolution de Juillet dut se faire pardonner par une attitude pleine de réserve son avènement au trône, qui ne pouvait que déplaire aux souverains étrangers. Mais le temps aplanit bien des difficultés. La glace était rompue, et le prudent roi Louis-Philippe avait préparé à son petit-fils un règne plus libre d'allures et plus en harmonie avec le senti-ment national, lorsqu'une nouvelle Révolution renversa le patient édifice d'une politique discrète, sage et non dépourvue d'habileté. On sait ce qui s'est passé depuis. Ceux qui liront dans l'avenir les discours d'apparat du second Empire, les congratulations de commencement d'années des Baroche, des Troplong, les harangues aussi pleines de suffisance que de naïveté des Billaut et des Rouher, proclamant avec une bonne foi adorable qu'ils n'avaient jamais commis de fautes, et qui met-tront ensuite en regard les conséquences de cette poli-tique de parvenus, d'ignorants, d'incapables et de casse-cous, ne voudront pas croire que ces faits soient contemporains. — C'était bien la peine de porter ses vaisseaux et ses armes aux quatre coins du monde ; on était allé en Crimée, en Syrie, en Chine, au Mexique, en Italie, on faisait crier *à Berlin !* et on laissait écrire ce nom fatal sur tous les équipages militaires. On voulait pouvoir élever une colonne sur une autre place Vendôme, avec une devise apprenant aux générations futures que le neveu avait dépassé l'oncle. Le vieux Paris détruit, la monnaie refondue, les monuments surchargés d'aigles, brodés d'N et d'E devaient redire à la postérité la plus reculée les grandeurs d'un règne devant lequel tout devait pâlir. Fatal orgueil ! coupable ineptie ! les malheureux ! qu'ont-ils fait de la France !

Comparez depuis la même époque, c'est-à-dire depuis le milieu du dernier siècle, la marche des autres grandes puissances :

L'Angleterre ! en compensation de l'Amérique du Nord, qui dut au concours de Louis XVI son indépendance, elle a acquis Malte, Gibraltar, les îles Ioniennes, les Antilles, les Bermudes, les Lucayes, les Malouines, le Canada, l'Acadie, la Guyane, les côtes de Guinée, la colonie du Cap, l'Ile-de-France, l'Ascension, Ceylan, les Indes avec une population de plus de cent millions d'âmes, Sumatra, l'Australie, les îles Sandwich, Taïti, la Nouvelle-Zélande, la Nouvelle-Calédonie..,..

L'Autriche, qui a perdu les Pays-Bas autrichiens

dans le dernier siècle, et à qui nous venons de faire perdre l'Italie, a gagné une partie du Tyrol, l'Istrie, la Dalmatie, la Gallicie, et l'archevêché de Saltzbourg, que lui donnèrent les traités de 1815.

La Russie a pris la Courlande, la Samogitie, entre la Courlande et Wilna, la Volhynie, la Lithuanie, une partie de la Gallicie et de la Pologne proprement dite, la Finlande, l'Esthonie, la Livonie et une partie de la Laponie, la Crimée ou l'ancienne Tauride, la Bessarabie, l'embouchure du Danube, et le littoral de la mer Noire, la Circassie, la Géorgie, et à l'extrémité de la Sibérie les îles qui relient l'ancien au nouveau monde dans la mer de Béring.

La Prusse, en ce moment l'exécutrice des hautes œuvres de l'Europe, jalouse et irritée contre la France, est-elle restée en deça de ces prospérités bien faites pour nous rendre jaloux ?

Ne prenons pas la Prusse au commencement du XVe siècle, alors que le petit burgrave de Nuremberg, Frédéric de Hohenzollern, reçut de Sigismond de Luxembourg, le margraviat de Brandebourg. Frédéric II Bras-de-Fer, a enlevé au roi de Bohême Cotbus et la Lusace, il a acheté de l'ordre Teutonique la Nouvelle-Marche. Laissons aussi de côté Jean Sigismond, s'alliant à nos rois Henri IV et Louis XIII contre la maison d'Autriche, et Frédéric Ier, obtenant de l'Empereur l'érection de son électorat en royaume. Nous voulons ne partir que de 1740, à l'avènement de Frédéric II.

Le royaume de Prusse comprenait alors le margraviat de Brandebourg, laPrusse teutonique, le duché de
Clèves, les comtés de la Marck et de Ravensberg, les
duchés de Magdebourg, les principautés d'Halberstadt,
de Minden, et de Camin, la principauté de Neufchâtel
et de Valengin, la ville et le duché de Gueldres, les
îles d'Usedom, et de Wollin, une partie de la Poméranie.

Dès la première année de son règne, Frédéric II
s'empare de la Silésie usurpée, prétendit-il,par la maison d'Autriche. Il ne la rendit plus. Elle lui fut adjugée
par le traité de Breslau,le 11 Juin 1742, avec le duché
de Glatz. Ce traité fut confirmé par le traité d'Aix-la-
Chapelle en 1748, et celui d'Hubertsbourg en 1763.
Lors du partage de la Pologne,il prit la meilleure part,
la Pomérélie et le grand-duché de Posen, en 1772.
Il avait reçu son royaume avec une population de trois
millions d'habitants, il le laissa en 1786, avec une
population double,et qui s'élevait en 1805 à 9,640,000
âmes. La guerre de 1806 et de 1807 diminua la Prusse
de près de moitié en territoire et en population,
mais les traités de 1815 la dédommagèrent largement.
Elle ajouta à ses provinces primitives la Poméranie
suédoise, le grand-duché du Rhin, la Franconie, la
Westphalie, une partie notable de la Saxe. Elle comptait avant la guerre actuelle une population de près
de vingt millions d'habitants, et, comme empereur et
suzerain de l'Allemagne entière, le roi Guillaume.

commandera bientôt à plus de quarante millions d'âmes.

Les faits parlent assez haut d'eux-mêmes.Il a fallu à la France près de huit siècles pour reconstituer par les efforts les plus légitimes le royaume de Clovis et l'empire des Gaules. Il n'est pas un coin de son territoire dont la nationalité soit équivoque, et qui ne sait, au milieu des péripéties si émouvantes et si dramatiques de son histoire nationale, les entreprises chevaleresques qu'elle a accomplies dans l'intérêt de l'Europe avec un désintéressement que l'on chercherait vainement ailleurs? Elle a eu des égarements, et sa politique n'a pas toujours été sans-reproche. Mais qui peut se vanter d'en être exempt, et est-ce bien au peuple qui, dans l'espace d'un siècle et demi, s'est taillé dans les états de ses voisins le royaume le plus considérable de l'Europe actuelle, qui, après avoir tant contribué à abaisser la puissance de la maison d'Autriche, a reconstitué à son profit le colosse abattu, d'accuser la France de vouloir tout envahir ? Que l'Allemagne enivrée de ses derniers succès accepte la suprématie de la Prusse, cela la regarde ; mais que l'Europe reste indifférente, qu'elle assiste impassible aux désastres qui nous accablent et semble jouir de l'humiliation et de la ruine de la France, l'avenir se chargera bientôt sans doute, trop tôt peut-être, de lui montrer où est le

véritable danger pour la liberté des peuples et l'indépendance des nations.

Pour nous, qui avons effrayé l'Europe par nos dissensions intestines, il est temps enfin de comprendre que
tout empire divisé périt fatalement, et que si nos
gouvernants sont bien coupables, nous le sommes autant
qu'eux, puisque nous les avons tolérés. On a dit depuis
longtemps que les nations n'ont que les gouvernements
qu'elles méritent.

2 MARS 1871 !

Le sacrifice est accompli ! L'humiliation et la douleur débordent ! La France est plus que vaincue !

Dans une des phrases que ratura la censure prussienne, je disais :

« Qui osera assumer sur sa tête une telle respon-
sabilité devant l'histoire ! Les citoyens qui ont pris en
main la direction de la France envahie le feront-ils,
eux qui veulent dans le salut de la patrie intacte inau-
gurer le gouvernement de leurs prédilections, la République ? M. le comte de Chambord, le chef de l'ancienne
maison de France, le ferait-il davantage si on venait le
lui proposer, lui qui se rappellerait Louis XIV prêt
à s'ensevelir dans les ruines de la monarchie, et

Louis XVIII voulant, dans des temps semblables, se placer sous le pont d'Austerlitz que menaçaient de faire sauter les vainqueurs du premier Empire. Sa vaillante mère s'écriait, en 1832, dans une chaumière de la Vendée : « J'aimerais mieux emporter mon fils dans les montagnes de la Calabre que de le livrer aux ennemis de la France ou de leur céder une ville, un bourg, une cabane comme celle où je me trouve. » Quel don de joyeux avènement ne serait-ce pas aussi bien pour quiconque aspirerait à une couronne par là déshonnorée ! Je cherche et n'ose croire qu'il puisse se trouver personne capable de livrer à l'étranger les vaillantes populations d'où sont sortis Fabert, Kléber, K ellermann et Victor. »

Hélas ! que d'événements néfastes depuis que ces lignes étaient écrites. Les jours cruels d'un rigoureux hiver se sont succédés sans réparer nos défaites ; bien loin de là, avec eux se sont précipités nos désastres.

La France, surprise, haletante, dévoyée, sans drapeau et sans boussole, sans chefs et sans soldats, git à terre sous l'étreinte d'un vainqueur froid, compassé calculateur, impitoyable. Elle ne peut se relever, dit-on, sans encourir *l'éventualité d'un complet épuisement.*

Il faut donc subir, se soumettre, s'immoler ! durs mots inconnus jusqu'alors à l'oreille de la France !

O douleur suprême ! Il nous faut voir nos frères

d'Alsace et de Lorraine réduits en servitude, le drapeau prussien sur la plus française de toutes les villes de France, sur Metz !

On leur rendra doux l'esclavage ! On allégera les impôts ! M. le comte de Bismarck protégera l'industrie Alsacienne ! Nos forges, nos filatures, jouiront des bienfaits du Zollverein !... Et la patrie qui la remplacera !!! Plus la chaîne est dorée, plus la honte est grande !

Mon Dieu ! Mon Dieu ! Votre colère doit être épuisée. — Les yeux ne s'ouvriront-ils pas à la lueur de vos foudres vengeresses ! Vous nous avez versé la coupe du châtiment et de l'humiliation, daignez éclairer nos esprits aveuglés, et faites que dans l'excès de nos malheurs nous puisions la force de la régénération !

La Prusse, injustement humiliée en 1806, ne s'est pas cru suffisamment vengée par deux revanches éclatantes : 1814 et 1815. Ferons-nous moins qu'elle ? Et si elle a poussé si loin le souvenir et le ressentiment de l'injure, nous montrerons-nous moins soucieux de notre honneur ?

Venez à notre aide vaillants souvenirs qui ajoutez à notre honte. Inspirez-nous, âmes héroïques de Châtillon et de Duguesclin, de Clisson et de Xaintrailles, de Jeanne d'Arc et de Bayard, de Crillon et de Beaumanoir, de Condé et de Turenne, de Catinat et de Luxembourg, de Fabert et de Villars, de Suffren et de d'Assas, de Desaix et de Victor ! Ah ! le temps est loin, sans doute, où un maréchal de France pouvait écrire :

« Sire, votre armée a pris plus d'étendards et de drapeaux qu'elle n'a perdu de simples soldats. »

Mais rendez-nous vos mâles vertus et vos fortes croyances, avec elles on verra renaître la noble France.

Reims. — Imp. V. Geoffroy et Cie, r. Pluche, 24.

9 782014 060676